태초에 사랑이 있었다

삼위일체에 관하여

두미트루 스터닐로에 지음 · 김인수 옮김

Holy Trinity:
In the Beginning There Was Love

태초에 사랑이 있었다

삼위일체에 관하여

두미트루 스터닐로에 지음 · 김인수 옮김

|차례|

일러두기

· * 표시는 독자의 이해를 돕기 위해 옮긴이와 편집자가 단 주석입니다.

· 성서 표기는 원칙적으로 『공동번역개정판』(1999)을 따르되 인용은 원서
  본문에 가까운 번역본을 사용했습니다.

· 교부들의 인명의 경우에는 『교부학 인명.지명 용례집』(분도출판사, 2008)
  을 따랐습니다.

삼위일체 교리는 정교회 신학의 중심입니다. 이 때문에 두미트루 스터닐로에Dimitru Stăniloae는 삼위일체 하느님에 대해 끊임없이 숙고했습니다(그가 평화 가운데 안식하기를 소망합니다). 교회를 위한 그의 신학에서 삼위일체론은 특별한 위치를 차지하며, 덕분에 그는 오늘날 세계에서 삼위일체론에 커다란 공헌을 남긴 신학자라는 평가를 받습니다. 사실상 스터닐로에의 모든 저작은 형언할 수 없는 삼위일체의 신비를 그리스도인의 삶 및 생각과 연결하려는 노력의 산물이라 해도 무방합니다. 고백자 막시무스의 저작을 루마니아어로 번역하고 해설할 때도 삼위일체는 중심 주제였습니다. 또한, 주저 『정교회 교의신학』Orthodox Dogmatic theology의 모든 장에서도 삼위일체에 대한 그의 해석은 빛을 발합니다. 스터닐로에는 삼위일체의 핵심인 하나의 본성과 세 위격hypostasis을 구별하면서도 정교회 신학의 생명력 넘치는, 역동적인 인격주의personalism를 중심으로 이를 이해하려 노력했습니다.

현대 신학은 세 인격(성부, 성자, 성령)이 지닌 무한한 가치와 그 헤아릴 수 없는 깊이, 그리고 인간에게서 "불멸하는 하느님의 모습"을 보는 것에 관해 좀처럼 언급하지 않습니다. 하지만, 스터닐로에는 온전한 사랑에 대해 끊임없이 강조하며 그 근거를 삼위일체에서 찾습니다. 그는 삼위일체가 사랑을 이루는 최상의 구조라고 이야기합니다.

> 하느님은 사랑이시다. 그러므로 그 자체로 빛이고 생명이시다. 세 위격이 친교를 나누는 가운데 최상의 하나됨을 이루기 때문이다.

그러므로 스터닐로에가 삼위일체를 다룬 이 책의 제목을 『태초에 사랑이 있었다』로 지은 건 전혀 놀라운 일이 아닙니다. 창조 이전부터 있던 성부, 성자, 성령의 사랑은 세계와 인간을 무로부터 창조한 원동력motive force이었습니다. 삼위일체 하느님의 사랑은 유한한 인간이 무한한 하느님의 선goodness에 참여하도록 이끌 뿐 아니라, 인간이 하느님과 하나 되어 거룩해지는 모든 일이 가능하도록 초청합니다. 그런데 여기서 스터닐로에는 한 가지 강조점을 더합니다.

지고의 존재와 연합하려면 피조물들은 자신의 자유 의지를
따라 분투해야 한다.

이 자유를 책임과 지혜 없이 사용한다면, 고통, 타락, 죽음이
뒤따르게 됩니다. 우리 조상들만 보아도 이를 쉽게 알 수 있
지요. 정념들이 일으키는 자기중심주의에 굴복하고, 영적 실
명을 겪으며, 생명을 돋우는 거룩한 사랑의 친교에서 멀어지
는 모습 말입니다.

인류는 삼위일체 하느님께 거룩한 친교에 머물 수 있는
능력을 받았습니다. 삼위일체 하느님의 세 위격 중 성자께서
타락한 인간을 위해, 인간의 몸을 입고 자신을 희생하셔서
성부와 성령이 나누는 친교 안에 있는 신성하고, 충만한 생
명에 이르게 하셨기 때문입니다. 스터닐로에가 이미 언급한
바와 같이, 인간은 삼위일체 하느님의 형상대로 창조되었고
구원받았을 뿐 아니라 하느님의 사랑 안에서 자라고, 언제나
하느님과 연합하여 살아가는 존재가 되었습니다. 그러므로
이 책이 아름답고 감동적인 몇 가지 기도문으로 마무리되는
것은 우연이 아닙니다. 기도 가운데 활동하시는 성령은 "우
리가 하느님과 온전히 대화할 수 있도록" 이끄시기 때문입니
다. 성령은 우리가 우리의 창조 목적을 의식하며 책임감 있

게 삶에 참여함으로써 창조주 하느님, 구원자 하느님과 대화를 이어 갈 수 있음을 알려 주시고, 사랑과 자기희생은 분리될 수 없다는 진리를 가르쳐 주십니다.

귀한 책을 개정하여 출판하게 된 것을 축복합니다. 신앙의 자양분과 영적인 빛을 구하는 독자들이 책장을 넘길 때마다 머리는 물론 가슴에 이 세계의 근간이 무엇인지를 새길 수 있게 되기를 소망합니다. 점점 더 흔들리고, 시험받고, 분열되는 것처럼 보이는 우리네 삶 가장 깊은 곳에는 흔들리지 않고, 완전하며, 전능하시고, 유일하신 구세주, 거룩한 삼위일체의 영원한 사랑이 서 있습니다. 이 책을 읽는 모든 분이 그 사랑을 향해 나아가기를 바랍니다.

루마니아 정교회 총대주교
테오치스트 아러파슈Teoctist Arăpaşu*

---

* 테오치스트 아러파슈(1915~2007)는 루마니아 정교회의 성직자다. 1935년 비스트리차 수도원에서 수도사가 된 뒤 부쿠레슈티 대학교 신학과에서 신학을, 이아시 대학교에서 문학과 철학을 공부했다. 1945년 수도사제hieromonk 서품을 받고 1946년 대수도사제archimandrite, 1962년 주교, 1973년 대주교, 1977년 관구장 주교 서품을 받았으며 1986년에는 루마니아 정교회 총대주교가 되었다. 1999년 5월 교황 요한 바오로 2세를 초대했는데 1054년 동서방 교회 분열 이후 교황이 정교회 국가를 방문한 것은 이때가 처음이었다. 또한, 다양한 수준에서 신학 교육을 장려하고 새로운 신학교를 설립하는 등 교회 일치 운동과 신학 교육에 공헌한 성직자로 평가받는다.

서문

거룩한 삼위일체는 존재의 지고한 신비다. 존재하는 모든 것의 근거가 되기에, 삼위일체 없이 해명할 수 있는 존재는 없다. 이것이 삼위일체가 신비임에도 불구하고 어느 정도는 이해할 수 있고, 어느 정도까지는 논리가 있는 이유다. 달리 말해, 삼위일체는 모든 존재의 깊이임과 동시에 이를 이해할 수 있는 기초로서 참된 형이상학을 제시한다. 형이상학에 관해 말하는 철학자들도 존재의 근원을 다루기는 하지만, 이를 명확하게 설명하지는 못한다. 철학자들에게 형이상학의 실재는 진화 법칙의 지배를 받는 본질essence, 혹은 만물을 흘려 내보내는 일련의 발산물emanation에 불과하기 때문이다. 그들은 현실이 무언가에 의존한다는 것은 알지만, 그것이 무엇인지는 설명하지는 못한다. 그런 측면에서 철학자들의 형이상학은 논리의 취약함을 스스로 증언한다.

그러한 면에서 삼위일체 하느님에 관한 그리스도교의 논의는 일반 형이상학보다 논리의 측면에서 우위를 점한다. 특별히 삼위일체 하느님이 실존에 의미를 부여한다는 측면에서 그렇다. 그리스도교 고백에 따르면 우리 실존의 근간에는 삼위일체 하느님의 사랑이 있다. 삼위일체는 태초 이전부터 있던 사랑이며, 사랑의 확장을 추구한다. 사랑 외에 존재를 설명할 수 있는 것은 없다. 사랑은 끝이 없고, 영원하다. 그 무엇에도 만족하지 않기 때문이다. 사랑에는 끝이 없기에, 시작도 없다. 시작도, 끝도 없는 사랑은 우리가 있다는 사실에 대한 완전한 감사를 불러일으킨다. 창조되지 않고, 끝이 없는 법칙을 알아보지 못한 채, 그 법칙에 종속된 철학자들의 형이상학은 우리에게 어떤 빛도 가져다주지 못한다.

서문에서 내가 강조하고 싶은 것이 하나 더 있다. 정교회에서 삼위일체 하느님은 사랑 그 자체이자 모든 사랑의 기원이라는 점이다. 삼위일체 하느님의 사랑은 성령을 통해 믿는 자들에게 역사할 뿐 아니라 성도들이 성부, 성자, 성령의 사랑의 관계에 동참할 수 있도록 돕는다. 로마 가톨릭 교회에서는 성사가 그리스도의 십자가 희생으로 제정되며 신자들이 그 공로를 받게 된다고 여긴다. 하지만 이때 은총은 창조된 은총created grace일 뿐이다. 로마 가톨릭 교회와 다른 형태의 그리스도교, 개신교의 상당수 교회는 성사를 부차적인 것으로 여겨 그리스도인들의 삶에서 신비를 위한 여백을 남겨 두지 않는다. 이와 달리 정교회는 성사가 영적인 의미를 지니고 있을 뿐만 아니라 성화와 연결되어 있음을 강조한다. 로마 가톨릭 교회나 개신교 교회들과 달리 정교회에서는 성사를 통해 우리가 단순히 법적인 의미에서 죄를 용서받는다고 생각하지 않는다. 정교회에서는 성사에서 그리스도의 권능이 성령을 통해 신자들에게 임해 그들이 하느님을 사랑하고 이웃을 사랑하는 길로 나아가게 한다고 믿는다. 거룩한 사랑과 함께, 그 사랑으로 인해 신자들은 '나'만을 향하게 하는 정념들로부터 자유로워지며 삼위일체 하느님의 사랑에 상응하려 노력함으로써 거룩해진다.

정교회는 말씀에 기록된 그리스도, 성령을 통해 성부를 사랑하는 그리스도뿐 아니라 거룩한 삼위일체가 교류하는 사랑을 신자들에게 전하는 그리스도 또한 알고 있다. 정교회는 성도들의 영적 수행을 통해 성장하도록, 그리하여 삼위일체의 권능을 통해, 이 권능에 의지하여 성화 될 수 있도록, 이 지상에서 살아가는 와중에도 꺼지지 않는 사랑의 통치 안에서 성장하도록 돕는다.

두미트루 스터닐로에

실존의 의미

나지안주스의 그레고리우스Gregory of Nazianzus*는 여러 저술에서 우리는 시간이 없었던 때를 상상할 수 없다고 말했다. 그리고 이런 말도 남겼다.

---

* 나지안주스의 그레고리우스, 혹은 나지안조스의 그레고리오스(329년 경~390)는 성직자이자 신학자로 동방 교회를 대표하는 교부 중 한 사람으로 꼽힌다. 카파도키아의 나지안주스에서 태어나 카이사리아에서 공부했고 362년 사제 서품을 받았으며 372년경 주교가, 이후에는 콘스탄티노플의 총대주교가 되었다. 아리우스파와의 논쟁 및 니케아 공의회에서 정통을 수호했다는 평을 받았고, 카이사리아의 바실리우스, 니사의 그레고리우스와 함께 '카파도키아 교부'로 불린다. 이후 정교회에서는 '신학자'라는 칭호를 붙였으며 로마 가톨릭, 정교회, 성공회 등 주요 전례 교회에서 성인으로 공경한다.

시작도, 끝도 없는 모든 것은 하느님의 것입니다(출애 3:14 참조).[1]

존재가 영원에서 오지 않았다면, 어디서 온 것일까? 시작이 없는 존재, 혹은 영원에서 나오는 존재는 설명할 수 없는 신비다. 그러나 동시에 이 신비는 모든 것을 설명한다. 우리가 알고 있는 존재는 인과율에 매여 있다. 하지만 시작도, 원인도 없는 존재가 없다면 시작과 원인이 있는 존재들은 있을 수 없다.

달리 말하면 우리는 원인이 있는 존재, 즉 알 수 있는 존재를 통해 원인이 없는 존재, 미지의 존재, 스스로 있는 존재, 즉 하느님을 안다. 이는 신학 방법론에서 부정apophatic의 길과 긍정cataphatic의 길이 서로 소통함을 방증한다. 부정의 길을 통해 드러나는 존재는 긍정의 길을 통해 드러나는 존재를 통해 부분적으로나마 알 수 있으며, 긍정의 길을 통해 드러나는 존재는 부정의 길을 통해 드러나는 존재를 통해 더 잘 이해할 수 있다. 부정의 길을 통해 드러나는 존재를 온전히 알 수 없다는 사실은 긍정의 길을 통해 드러나는 존재 역시

---

1 Gregory of Nazianzus, *Oration* 31.

온전히 알 수 없음을 의미한다. 긍정의 길을 통해 드러나는 존재는 절대로 완전히 알 수 없는 존재에서 비롯되었기 때문이다.

원인이 있는 존재들은 그 존재들 사이의 법칙을 통해, 그들이 의지하는 상태를 통해 알 수 있다. 그러나 그 법칙, 의존성은 그 법칙에 매이지 않는 존재, 원인이 없는 존재를 전제로 한다. 원인이 없는 존재는 인과불가능성uncausability, 자존성, "절대"absolute라는 속성을 지니고 있어 우리에게는 거대한 신비로 남아 있을 수밖에 없다. 이 존재는 원인이 있고, 법칙에 의존하는 존재들과 전혀 다름에도 불구하고 이들을 설명하며, 우리가 원인이 있는 존재들에 대한 어느 정도의 지식을 가질 수 있게 해 준다. 그러나 그럼에도 불구하고 원인이 없는 존재의 더 거대한 부분은 미지의 영역으로 남는다. 우리는 인과율을 따르는 부분, 법칙에 종속되는 부분만을, 법칙을 사용해 이해하는 데 익숙해져 있기 때문이다. 하지만 그 법칙을 가능하게 하는 건 법칙의 제약을 받지 않는 존재다.

부정의 길은 아무것도 알 수 없다는 뜻이 아니며, 긍정의 길 역시 모든 것을 알 수 있다는 뜻이 아니다. 우리는 긍정의 길을 통해 무언가를 앎으로써 창조의 궁극적 원인과 관련된 무언가를 발견한다. 그러나 동시에 우리는 궁극적인 원인을 온전히 알지 못하기 때문에 긍정의 길을 통해 알아낸 것 역시 온전히 이해하지 못한다. 이러한 맥락에서 부정의 길이 다루는 대상은 긍정의 길에 빛을 드리우지만, 여전히 신비로 남는다. 긍정의 길도 마찬가지다. 부정의 길 덕분에 우리는 긍정의 길을 통해 드러난 대상도 온전히 알지 못함을 깨닫는다. 두 길을 통해 우리는 신비를 발견한다. 인과율로 이루어진 세계에서 우리는 우리의 지식을 사용해 세계를 창조하신 분에 대해 일부 알 수 있다. 하지만 더 거대한 부분은 베일에 싸여 있다.

부정의 길을 통해 얻은 앎은 우리에게 모든 존재가 원인이 없는 존재, 영원한 존재, 존재 그 자체에서 유래한다는 것을 가르쳐 준다. 또한, 우리 모두가 영적 질서 아래 있음을, 그리고 영적인 것은 (일상이라는 축소된 차원의 것이라 할지라도) 자유롭고, 법칙에 종속되지 않음을 가르쳐 준다. 그러나 스스로 존재하고, 시작도 끝도 없는 존재, 그 자체로 완전한 존재가 그 안에 어떠한 법칙도 갖고 있지 않다면, 달리 말해 그 자체로 자신을 설명할 수 없다면, 그 존재는 결코 스스로 있는 완전한 존재라 할 수 없다. 그러므로 이 존재는 자신에 대해 생각할 수 있는 법칙, 자신에 대해 이해할 수 있도록, 혹은 그렇게 하도록 돕는 법칙을 자기 안에 지니고 있어야 한다. 그렇지 않다면 그 존재는 완전한 존재가 아니다. 자신이 창조한 피조 세계, 피조물 사이에 흐르는 법칙에서 완전히 유리되어 있다면, 그 존재는 법칙과 별도로 있는 또 다른 사물에 불과하다. 또한, 법칙은 이를 사유할 수 있는 존재가 없다면 있을 수 없다. 이러한 맥락에서 이 세계를 영위하는 법칙과 완전히 다른, 더 우월한 법칙은 없다. 다만 스스로 존재하고, 시작도 끝도 없는 존재, 그 자체로 완전하기에 지고의 선을 덕으로 품는 존재, 그렇기에 그 자체로 법이자 법칙이 되는 존재, 달리 말해, 처음부터 법칙을 지니고 있으며 동시에 자유로운 존재가 있을 뿐이다.

이 세계에 시작이 없는 존재는 있을 수 없다. 시간 안에 있는 모든 존재는 영원에 잇닿아 있지만, 동시에 자의식과 자유를 형성해야 한다는 제약을 받는다. 영원한 자유에 뿌리를 내린 존재임과 동시에 법과 법칙의 제약을 받는 존재이기에 인간은 양가적 존재다. 이와 같은 양가적 상황에서 인간은 의식을 형성하고 자유 의지에 따라 선택한다. 자유는 결코 아무런 선택도 허용하지 않는 필연 법칙의 산물일 수 없다.

법칙이 영원에서 '출현했다면', 이는 법칙이 나타나기 전에, 혹은 나타나기 위해 시간이 필요하거나, 시간을 거쳐야함을 뜻한다. 그렇다면, 영원에서 어떻게 시간이 나타날 수 있을까? 영원에서 어떻게 시간과 진화가 시작되는 '때'가 발생할 수 있는지 우리는 가늠할 수 없다. 이는 영원이 언제나 시간의 성격을 지니고 있다는 이야기일까? 하지만 시간의 속성을 지닌 영원 또한 우리는 상상할 수 없다. 시작이 없는 영원한 존재가 있다고 말하면서, 동시에 시작, 진화, 온전한 자기의식에 이르는 종점을 아우르는 시간이 있다고 말할 수 있을까? 이는 모순이 아닐까? 아니면 여기에 어떤 한계가 있을까? 시간이 있고, 그 시간 안에 존재들이 있다는 것은, 시작이 없고, 스스로 있는 존재가 어떤 의미로든 무능력하다는 의미가 아닐까? 더 나아가, 스스로 있으며 어떤 법칙에 종속되지 않고, 그 법칙에 종속될 필요도 없는 존재가 있다고 생각하는 것은 논리적인가? 차라리 어떤 존재든 자기 외부에, 자기보다 더 큰 법칙들에 의존하지 않는 의식이 있다고 생각하는 것이 낫지 않은가? 스스로 있는 존재가 시간 전에, 영원부터 자기 안에 있는 법칙을 따라, 그 법칙에 근거해 자신을 의식하는 이들에게, 자신을 설명하는 '때'가 나타났다고 이야기하는 건 터무니없는 일이 아닌가? 영원한 존재에서 법칙이 나타나며, 이 법칙에 근거해 자의식이, 자의식을 지닌 존재가 나타난다고 할 수 있는가? 하지만 영원한 존재의 의

향이 아니라, 법칙과 자의식이 그저 우연히 나타났다는 이야기도 터무니없다. 시간 안에서 출현한, 자의식을 지닌 존재가 영원한 존재에서 유래했다면, 영원한 존재를 통해 있게 되었다면, 이는 영원한 존재 안에 이미 있던 법칙에 무언가 추가되는 것일까? 이 법칙의 기원을 찾고자 할 때 우리는 어디까지 닿을 수 있을까?

'존재'being를 '시작'이 있는 '실존'existence과 동일시해서는 안 된다. 그러나 한 가지는 인정해야 한다. 자의식이 없는 인간 실존은 없다. 인간은 자의식을 형성함과 동시에 법칙의 지배를 받는다. 존재는 영적인 질서 가운데 실존하며, 이 세상의 어떤 것에 기대어 설명할 필요가 없다. 영원부터 스스로 실존하는 존재가 세계에 나타난다면, 그 존재는 끝이 있을 수 없다. 진화라는 법칙은 이 세계에 존재하는 것들이 끝을 향해, 목적을 향해 나아가게 한다. 그러나 이 법칙은 이 법칙을 시작하게 한 무언가가 없다면 나타날 수 없다.

우리는 우리 자신에게서, 그리고 우리가 얽혀 있는 세계에서 법칙을 발견하고, 이 법칙을 통해 인간인 우리 자신을 설명한다. 하지만 법칙의 지배를 받지 않으면서, 법칙을 부여할 수 있는 영원한 존재가 없다면 이 법칙은 어디서 왔을까? 우리는 어떻게 우리 자신을 의식할 수 있는 것일까? 영원한 존재가 있다면, 그 존재는 끝을 향해, 목적을 향해 진화하게 하는 법칙 너머에 있음과 동시에 그 법칙의 첫 번째 원인이어야 한다. 법칙에 종속된 많은 존재는 자의식을 갖고 있다. 그러나 애초에 법칙을 부여하는 초월적 존재가 없다면 이 자의식이 어디서 유래하는지를 알 수 없다. 왜 우리는 자신에 대해 아는가? 나아가 자신에 대해 더 온전히 알기를 갈망하는가? 자의식에 대한 갈망은 만물에 대한 더 거대한 지식과 연결된다. 우리는 자신을 의식하며, 무언가에 의존한다. 자신을 더 깊이 알기를 갈망할 뿐 아니라 만물을 포괄하고 설명하는 절대적인 존재, 스스로 있는 존재와 관계 맺기를 갈망한다. 여기에는 심오한 의미가 있다. 인간은 자신과 다른, 그러나 동시에 자신과 동등한 위치에 있는 상대적인 존재와 관계를 맺으며 사는 것에 만족하지 않는다. 인간은 어떠한 제약도 받지 않는, 끝없는 절대 안에서 살아가기를 바란다. 그런 절대자와 관계 맺기를 원한다. 인간은 자신이 완전하지 않음을 안다. 자신에게 시작이 있음을 안다. 또한, 이 세계에 있는 모든 것을 자신이 포괄하고 있지 않음을 안다. 인간은 자신이 유한하다는 것을 알고 있다. 그런 자의식을 갖고 있다. 이런 자의식이 없는 인간을 인간이라 할 수 있는가? 그렇다면, 자신을 의식하면서도 자신이 어디서 왔는지, 어디에

속해 있는지를 모른다면, 인간은 무엇을 기대해야 하는가? 그것은 스스로 있는 존재, 영원의 존재, 그 존재 이전에는 아무것도 있을 수 없는 존재다.

데카르트Rene Descartes는 "나는 생각한다. 고로 나는 존재한다"Cogito ergo sum는 공식을 만들어 냈다. 그렇게 그는 생각, 혹은 의식을 실존에 단단히 묶어 두었다. 존재는 이러한 생각의 조건이다. 그러나 이 연결은 생각보다 훨씬 더 강력하다. 생각은 단순한 형식이 아니라 가장 분명한 존재의 형식이며, 의식은 가장 확실한 실존의 형식이다. 자기를 의식하는 인간은 자신을 결정할 수 있는 실존이다. 인간의 의식은 자기 자신을 숙고할 때 실존에서 빛을 받는다. 실존이 빛이라면, 의식은 자신을 향한 빛이다. "나는 생각한다. 고로 나는 존재한다"는 말에서 "생각한다"는 것은 내가 실존한다는 가장 분명한 징표다. 물론 바위, 풀, 비이성적인 동물처럼 생각을 실존의 특징으로 드러내지 않는 존재들도 있다. 이러한 존재들은 인간의 의식에 내용을 부여하기 위해 실존한다. 인간은 자신의 실존을 의식한다. 이것이 인간이 인간으로서 처음 하는 '생각'이다. 달리 말하면 내가 실존한다는 것은 나 자신을 생각하는 것이다. 나는 타자를 의식함으로써 나를 더 강하게 의식한다. 그러고 나면 바로 세상의 다른 것들이라는 비의식적인 존재에 영향을 받는다.

자신 안에 실존의 모든 형태를 보유한 영원한 존재는 만물에 대해 생각할 수 있고, 만물을 의식할 수 있다. 그렇게 영원한 존재는 만물의 실존을 보장한다. '나'는 '나'와 다른 것들과의 관계를 통해 앎을 얻게 되고, 이 과정을 거쳐 지식, 따라서 의식을 갖게 된다. 소크라테스가 "나는 아무것도 모른다는 사실을 안다"고 말할 수 있었던 것은 그가 실존을 부분적으로만 알았기 때문이다. 그는 자신에 대해서는 알고 있었지만, 타자에 대한 자신의 앎이 불완전하다는 것을 알았다. 이러한 소크라테스의 냉철한 판단, 그리고 앎에 대한 갈망은 어딘가에 모든 실존을 아우르는 완전한 앎이 존재함을 반증하지 않는가? 인간이 모든 것에 대한 앎을 향해 나아가도록 창조되었다는 것은, 모든 것을 알고 더 올라갈 필요가 없는 의식이 어딘가에 있음을 보여 주지 않는가?

시작이 없는 빛이 있었다. "빛이 있으라!"는 말을 통해 이 빛은 모든 창조된 빛이 존재할 수 있게 했다. 모든 피조물은 인간이라는 빛이 빛나게 하기 위해, 혹은 인간의 의식을 고양하기 위해 실존을 받았다. 영원에서 어둠이었던 존재는 없으며 근본적인 차원에서 존재하는 모든 것은 빛이다. 시작이 없는 빛에게 시간과 공간 속에서 그 빛을 받음으로 인해 만물은 존재한다. 시간은 영원에서 저절로 생기지 않았다. 시간은 '창조'되어야만 했다. 영원에서 실존하는 것과는 다른, 시간을 살아가는 존재, 영원에서 나온 존재가 아니라 창조된 존재가 나타나야만 했다. 시간은 자신을 스스로 생성할 수 없으며, 영원의 발산일 수 없다. 시간이 있기 위해서는 다른 원인이 있어야 한다.

실존에는 두 가지 차원이 있다. 하나는 영원한 존재가 실존하는 영원의 차원이고, 다른 하나는 저 영원한 존재가 무에서 창조한 시간의 차원이다. 두 번째 차원에 실존하는 존재는 영원의 차원에 있는 존재의 본성을 공유하지는 않는다. 영원의 차원만 있다면 영원한 존재는 전능함omnipotence와 관대함generosity을 지닐 필요가 없을 것이다. 반대로 시간의 차원만 있다면 설령 신이 있다 한들 그 신조차 세계에, (범신론의 형태로) 법칙에 종속될 것이다. 여기에는 자유도 없고, 자유 가운데 이루어지는 복도 없다. 불완전한 형태의 실존인 것이다.

긍정의 길과 부정의 길의 일치에 대해 다시 생각해 보자. 이는 달리 말하면 이성과 신비의 일치로 표현할 수도 있다. 이성적인 것은 그 자체로 신비를 머금고 있으며 그 반대의 경우도 마찬가지다. 하느님과 피조 세계의 관계 역시 그러하다. 이 둘은 서로 다른 방식으로 연결되어 있다. 피조 세계에서 이성은 우리를 창조의 신비로 이끈다. 피조 세계가 그 자체로 신비롭기 때문이 아니라 그 세계가 영원에 잇닿아 있기 때문이다. 달리 말하면, 이성은 창조의 신비에 대한 합리적 설명으로 우리를 하느님이라는 신비로 인도한다. 그리고 우리의 이성은 창조의 신비에 대한 설명과 마찬가지로 최고 이성인 하느님을 암시한다.

고백자 막시무스Maximus the Confessor*에 따르면, 이 세계에서 작동하는 지성은 우리에게 하느님이라는 신비를 드러낸다. 하느님이라는 신비와 세계에서 작동하는 이성 사이에는 모순이 없다. 우리의 이성은 최고의 이성, 말씀, 우리 이성의 기초를 알기 위해 창조되었다.

---

* 고백자 막시무스, 혹은 막시모스(580-662)는 동방 교회의 수도사이자 신학자다. 젊었을 때는 정계 생활을 했으나 이내 그만두고 수도사가 되었으며 수도원장이 되었다. 예수의 인성과 신성의 관계를 두고 일어난 논쟁에서 그리스도 단일의지설에 맞서 싸웠으며 인간의 의지와 신의 의지 모두를 가지고 있다는 입장을 취했다. 그 결과 이단 혐의를 받아 유죄 판결을 받고 고문을 받았고 혀와 오른손이 잘리고 머지않아 세상을 떠났다. 훗날 제3차 콘스탄티노플 공의회에서는 그의 무죄를 선언했으며 로마 가톨릭 교회와 정교회에서 '교부'로 인정하는 마지막 인물이 되었다. 주요 저술로 『수행집』Liber asceticus, 『사랑에 관한 단상』Capita de caritate, 『신비 교육』Mystagogia 등이 있다.

시간이 있기 전에 하느님께서 당신의 지혜를 따라 주신 이성은 우리가 이를 통해 사물을 이해할 때 드러납니다. ... 육신을 입은 가운데 우리는 적절한 학문과 지식의 도움을 받아 하느님께서 창조하신 만물에 대해, 그 만물이 어떻게 만들어졌는지에 대해 숙고할 수 있습니다. 이를 통해 우리는 만물에 새겨진 하느님의 목적을 익힐 수 있게 됩니다. ... 달리 말하면, 창조에 대한 지혜로운 숙고를 통해 우리는 거룩한 삼위일체, 성부, 성자, 성령에 대한 이치를 분별할 수 있게 됩니다.[2]

영원하고 보이지 않는 하느님부터 시작해 유한하고 보이는 세계에 이르기까지 모든 실존은 신비로우며, 동시에 이성으로 이해할 수 있다. 모든 존재는 인간이 다 설명할 수 없는 신비다. 동시에 모든 존재는 하느님의 선하심과 그분 안에서 누리는 복을 원천이자 목적으로 지녔기에 이성으로 이해할 수 있다. 완전한 공허, 어떠한 목적도 없는 존재는 없다.

요약하면, 최고의 영, 즉 성령의 존재와 활동으로 인해 가능하게 된 형이상학, 즉 신학이 있다. 이 형이상학은 우리가

---

2 Maximus the Confessor, *Questions to Thalassius* 13.

살고 있는 피조 세계를 현상 세계phenomenal world로 설명한다. 또한, 이 세계가 단순히 진화하는 세계가 아닌 무로부터 창조된 세계라 말한다. 또한, 이 형이상학은 이 현상 세계의 질서가 진보라는 법칙에 종속된 상태를 유지하기 위함이 아닌, 고양되기 위해 있고, 이를 위한 또 다른 법칙이 있다고 말한다. 이 세계에서 의식을 지닌 모든 존재는 자신의 실존과 더 긴밀해지기 위해, 연합하기 위해, 고양되기 위해 이 법칙, 법칙을 넘어선 법칙을 따라야 한다. 그렇게 함으로써 의식을 지닌 존재는 선과 사랑을 경험하며, 자신의 정체성은 이를 표현함과 동시에 자유 가운데 기쁨으로 살아가는 것임을 깨닫는다. 의식을 지닌 우리는 물질로 형성되었기에 법칙에 종속되어 있다 할지라도 부활을 통해 그 법칙을 뛰어넘을 것이며 온 세계와 함께 영화spiritualized, 혹은 신화deified될 것이다.

지고의 존재는 시작이 없기에 진보할 필요 없이 그 자체로 영원히 복되다. 이와 같은 지고의 존재와 연합하려면 피조물들은 자신의 자유 의지를 따라 분투해야 한다. 인간은 하느님의 선한 뜻, 최고 이성의 표현에 해당하는 법칙을 따를 때만 자신이 받은 자유를 온전히 사용하고 성장할 수 있다. 물론 인간은 이성을 왜곡된 방식으로 활용해 가짜 목적을 향해 나아가는 것을 정당화할 수 있고, 자기중심주의를 조장할 수 있다. 하지만 선Goodness은 인간이 자신과 하느님을 의식하고, 자유 가운데 그분과 조화를 이루며 그분 안에서 안식하기를 갈망하도록 이끈다. 인간의 이기심selfishness은 이 선에 반대하며, 하느님을 거스른다. 이기심은 만물, 만물과 하느님 사이에 조화를 가져오는 이성을 망가뜨린다. 이는 피조물에게도 하느님과의 연합에서 자신이 맡은 바가 있음을 보여 준다. 가장 완전한 조화와 사랑이 깃든 삼위일체는 피조물이 그 소임을 다할 수 있도록 길을 열어 준다. 성자, 하느님의 아들께서는 인류가 저 연합을 실현하도록 친히 도와주신다. 성부 하느님께서는 피조물을 위해 이성을 들어 쓰시듯 성자를 들어 쓰신다.

삼위일체 하느님은 참된 이성의 하느님일 뿐 아니라 선과 조화를 이루는 힘이라고 할 수 있다. 고백자 막시무스는 이 같은 생각을 발전시켰다. 하느님이 단일 인격의 신monopersonal god이라면 조화의 본으로, 조화를 이루는 힘으로 활동하시지 않을 것이다. 나아가 성자가 인간에게 가까이 다가가 자신과 인간 사이, 인간들 사이에서 중재자 역할을 감당하는 일도 일어나지 않았을 것이다.

고백자 막시무스는 성육신하기 전 하느님의 아들preincarnate Son of God을 만물을 창조한 이성으로, 성육신하신 그리스도incarnate Christ를 피조물 세계에, 피조물과 하느님 사이에 조화를 다시 가져오는 분으로 제시한다. 단일 인격의 신에게는 세계를 창조하는 힘이자 세계와 피조물의 목적인 사랑이 없다고 그는 생각했다. 참된 이성은 사랑 그 자체이기 때문이다. 세계는 성육신하신 하느님의 아들에 의해, 그분을 받아들이기 위해 창조되었다. 우리가 삶을 살아가는 과정에 있어야 할 모든 사랑은 하느님에게서 나온다. 그렇기에 그분 안에서 우리는 하느님을 사랑하고, 서로 사랑할 수 있다.

하느님의 말씀인 예수 그리스도께서는 만물의 창조주로서 자연법칙(즉, 자연의 조화에 관한 법칙)도 만드셨습니다. 그리고 그분은 법칙의 근거이자 수여자이기에 문자로 기록된 법과 성령의 법, 즉 은총의 법(복음)도 주셨습니다. 로마인들에게 보낸 편지 10장 4절에서 "그리스도는 법의 끝마침이 되셔서"라고 말했을 때 그 법은 기록된 법을 뜻합니다. 법의 창조주이자 근거이자, 수여자이자, 구세주인 그리스도 안에서 자연의 법, 기록된 법, 은총의 법은 하나를 이루어 우리에게 다가옵니다. 그러므로 사도 바울이 "복음대로, 하느님께서 그리스도를 내세우셔서 사람들이 감추고 있는 비밀들을 심판"(로마 2:16)하시리라는 이야기는 참입니다. 그분은 자신이

가져오신 복음에 따라 심판하실 것입니다.[3]

하느님의 신비와 피조 세계, 피조물의 합리성, 신비와 이성 사이의 호혜성reciprocity에 주목한다면, 피조 세계의 이성적인 측면이나 신비로운 측면으로 하느님의 전혀 헤아릴 수 없는 부분, 즉 완전한 신비는 존재하지 않는다는 인상을 받을 수 있다. 그러나 고백자 막시무스가 말했듯 하느님의 이성은 피조물의 "이성보다 더 높은" 이성이다. 하느님께서 지니신 이성은 피조물이 지닌 이성보다 무한히 더 깊다. 하느님의 존재가 피조물의 존재를 넘어서는 만큼 그분의 이성은 피조물의 이성을 넘어선다. 물론 이를 이해하기란 쉽지 않다. 언젠가 나지안주스의 그레고리우스는 말했다.

저는 구름 속으로 들어갔습니다. 구름이 저를 둘러쌌습니다. 물질과 물질적인 것들에서 벗어나 저는 저 자신에 집중했습니다. 눈을 돌려 하느님을 보려 했지만, 그분의 모습은 제대로 보이지 않았습니다. 뒷모습만 보일 뿐이었습니다(출애 33:22~23 참조). … 삼위일체 하느님의 최고 본성, 침범할

---

3 Maximus the Confessor, *Questions to Thalassius* 19.

수 없는 본성, 하느님 당신이 이해하고 계신 하느님은 보이지 않았습니다. 그 본성은 최초의 베일에 가려져 있었고, 케루빔이 감추고 있었습니다. 저는 다만 하느님에게서 가장 멀리 떨어져 우리에게 닿는 본성만을 보았을 뿐입니다.[4]

나지안주스의 그레고리우스는 자신이 본 "하느님의 뒷모습"이 "하느님이 창조하시고 다스리시는 피조물에 깃든 (신성의) 위엄"이라고 말했다.[5] 언젠가 플라톤은 "신을 알기란 어렵고 설명하기란 불가능하다"고 이야기한 바 있다. 이와 달리 그레고리우스는 "하느님에 대해 이야기하기란 불가능하고 하느님을 아는 것은 더더욱 불가능하다"고 말했다.[6] 그러나 동시에 그레고리우스는 말했다.

하느님의 평화는 모든 생각과 이해를 뛰어넘을 뿐 아니라 피조 세계에 대한 정확한 앎도 뛰어넘습니다. 우리는 피조 세계의 윤곽만 알고 있을 뿐입니다. ... 피조 세계를 초월하여 만물의 원인이며, 헤아릴 수 없고, 무한한 그분의 본성은

---

4 Gregory of Nazianzus, *Oration* 28.
5 위의 책.
6 위의 책.

우리의 이해를 넘어섭니다. 하지만, 그러한 본성이 무엇인지는 몰라도 그러한 본성이 있다는 것은 압니다. 우리의 설교는 헛되지 않으며 우리의 믿음은 공허하지 않습니다(1고린 15:14). 무언가 있다는 사실을 믿는 것은 그 무언가의 정체를 아는 것과는 전혀 다릅니다.[7]

우리는 "하느님의 뒷모습"을 반영하는 피조 세계와 피조물 이면의 합리성도 온전히 이해하지 못한다. 피조 세계와 피조물 역시 부정의 길로 보아야 할 부분이 있다. 하물며 피조 세계, 피조물에게서 "뒷모습"으로 보이는 하느님에 대해서는 더욱 알 길이 없다. 이 같은 맥락에서 "나는 내가 아무것도 모른다는 것을 안다"는 소크라테스의 말은 "나는 아무것도 정확하게 알지 못한다는 것을 안다"라고 해야 할지도 모르겠다. 우리는 그 무엇도 있는 그대로 알고 있지 않다. 이러한 맥락에서, 하느님이 헤아릴 수 없이 위대하심을 우리가 안다는 것은 엄청난 일이다. 그분이 어떤 분인지 모르더라도 그분이 계심을 아는 것은 매우 중요한 일이다.

원인이 없는 분, 원인이 있는 모든 것보다 높으신 분, 모

---

7 위의 책.

든 지식, 인간, 사랑의 정체를 설명하는 분이 계심을 아는 것은 무한히 중요한 일이다. 이 세계에 존재하는 모든 것보다 무한히 높은 분, 형언할 수 없고 설명할 수 없는 분이 계심을 앎으로써 우리는 우리가 마주한 만물에 거대한 빛이 비치고 있음을 알게 된다. 우리가 경험하는 모든 선하고 의미 있는 것들, 진실로 희망하는 것들이 예수 그리스도에게서 구원이 오듯 하느님에게서 온다는 것을 이해하게 된다. 이러한 깨달음이 우리를 구원하기에 충분하지는 못하지만, 감사하게도 우리 삶에 의미를 가져다준다. 나아가 이러한 깨달음은 하느님을 점점 더 알아 가는 데 도움이 된다. 내 이해를 넘어서는 분, 우리가 줄 수 있는 것이 전혀 없어도 모든 것을 주시는 분이 계심을 안다는 것은 얼마나 경이로운 일인가.

우리는 '나'를 사랑해 주는 동료, '나'에게 선을 행하는 동료 인간조차 온전히 이해하지 못한다. 그런 동료 인간 역시 '나'에게는 신비다. 그런 이를 알아가는 것은 얼마나 복된 일인가. 하느님도 마찬가지다. 그런 방식으로 하느님을 알아 가는 과정은 겸손을 지니게, 그분이 헤아릴 수 없이 깊으심을 더 깊이 받아들이면서 그분이 우리에게 주신 모든 것을 더 감사할 수 있게 해 준다. 어떤 면에서는 그분이 헤아릴 수 없는 분이라는 사실이 우리에게 좋은 일이다. 우리가 하느님을 그분과 동등하거나 더 나은 존재로 여긴다면 이는 우리 자신을 기만하는 것이다. 우리가 하느님을 헤아릴 수 없는 분으로 이해할수록 그분은 우리가 그분을 섬기기를 기대하시지 않는다. 오히려, 그분이 우리를 섬기신다.

II

무한에 대한 갈증

첫 번째 장에서는 스스로 있는 존재, 시작이 없는 존재는 자신을 온전히 의식함은 물론, 자신이 포괄하는 만물을 현실적으로 온전히 의식한다고 이야기했다. 이 스스로 있는 존재는 아무것도 필요로 하지 않으나 자신 안에 만물을 품고 있다. 교부들이 말했듯 이러한 존재는 생명 그 자체다. 피조물은 생명에 갈증을 느끼며, 이는 피조물도 영원한 생명, 영원한 존재를 갈망함을 보여 준다. 인간도 마찬가지로 영원한 생명을 갈망한다. 하지만 인간은 무한하지 않다. 그런 인간이 영원과 무한을 갈망한다면, 그에 부합하는 무한한 풍요가 어딘가에 있을 것이다. 영원, 혹은 무한을 향한 인간의 갈망은 스스로 있는 존재가 자신을 확장하고자 하는 가능성과 동기가 된다. 무한이 어디에도 없다면, 무한을 향한 우리의 갈증은 설명할 수 없다. 이 같은 맥락에서 유한한 물질이라도 거룩한 방식으로 쓰인다면 육체를 지닌 존재인 인간이 무한과 더불어 살아갈 힘으로 작동한다.

하느님은 당신에게 있는 무한한 생명과 선good이 유한한 존재들에게 확장되기를 원하신다. 그리고 유한한 존재들이 이를 받도록 돕기를 원하신다. 만물은 순전히 일정한 법칙을 따라 움직인다고 이야기하는 범신론에서 실존은 선을 증진할 수 없다. 범신론을 이야기하는 철학자는 모든 존재는 어떤 설명할 수 없는 방식으로 법칙을 강요당하며, 그 법칙을 따라 실존하고, 움직인다고 주장한다. 그러나 이런 주장은 선에 대한 인간의 주체할 수 없는 갈증, 그리고 선의 가능성을 설명하지 못한다.

스스로 있는 존재는, 존재와 생명으로 충만하기에 실존하는 모든 것과 영원으로부터 생명을 지니게 된 모든 것을 포괄한다. 그러므로 우리는 세 가지 차원에서 스스로 있는 존재에 대해 생각해 볼 수 있다.

(1) 먼저, 스스로 있는 존재는 선함goodness 그 자체이기에

사랑을 베풀고자 하는 뜻으로 충만하다. 그렇기에 스스로 있는 존재는 한 인격이 아니라, 둘, 혹은 세 영원한 인격으로 이루어져 있으며 온전히 주고, 온전히 받는다. 또한, 그 존재는 무로부터 창조된 인간에게 자신을 주려 한다. 그리하여 인간들이 자신과 연합하고, 그들 사이에서도 기쁨을 누리기를 바란다.

(2) 스스로 있는 존재는 무한한 선을 이루기 위해 전능하다. 이 존재는 유한한 피조물이 자신의 사랑을 누리고, 사랑할 수 있는 힘을 지니기를, 그리하여 무한한 선에 가까이 다가갈 수 있는 기쁨을 누리기를 열망한다. 물론 유한한 피조물들이 자유를 사용해 이런 식으로 나아가지 않는다고 해서, 그들의 실존이 중단되지는 않는다. 이는 다시금 그 무엇의 제약도 받지 않는 영원한 인격들이 선하다는 것을 보여 준다.

(3) 의식에는 힘이 있다. 만물을 의식할 때 스스로 있는 존재의 충만함이 흐르기 때문이다. 타자(영원한 존재, 유한한 존재)에 대한 앎은 이와 같은 의식과 동떨어져 생각할 수 없다. 그렇게 하느님의 전능함, 그리고 앎과 선은 하나를

이루며 피조 세계에 끝없이 흐른다. 하느님은 당신의 선으로 만물을 창조하셨으며 이들의 유익을 위해 일말의 망설임도 없이 당신의 전지omniscience와 전능omnipotence을 발휘하신다. 어떤 피조물이 그분의 선을 사용하지 않아 최악의 시련이 닥칠지라도, 또 다른 피조물에게는 유익이 될 수 있다. 그러한 와중에도 원인이 없는 존재인 하느님은 당신의 뜻을 따라 당신의 선을 행하신다. 그분이 자신의 뜻에 따라 스스로 선을 실행하시는 게 아니라면, 이는 선이라 할 수 없을 것이다. 이러한 선의 자유로운 움직임이 한 인격에서 다른 인격으로 향할 수밖에 없다는 사실은 지고의 존재가 인격으로서 관계를 맺는 존재라는 사실을 보여 준다. 그렇기에 피조 세계에서 일어나는 일은 순전한 자율의 산물일 수 없다. 물론 자율도 중요한 역할을 한다. 하지만 이 자율, 의식을 지닌 피조물이 자유롭게 선을 증진시키려 노력하게 하는 원인은 삼위일체 하느님이다. 그분이 이를 시작하셨고, 도우시고, 유지하신다.

동시에 하느님은 피조물들을 지탱해 주는 법, 법칙, 자율 너머에 계신다. 그분은 피조물들이 자율을 유지하면서도, 당신이 피조물들을 위해 준비하신 선을 알 수 있도록 종종 기적을 일으키신다. 이는 하느님의 자유를 드러내는 활동 중 하나다. 인간은 언제나 선을 택하지도 않고, 언제나 악만 택하지도 않는다. 그렇다고 해서 자동으로 선을 행하지도, 악을 행하지도 않는다. 이는 우리가 하느님을 이해하는 데 도움을 준다. 하느님은 완전한 자유이시다. 무엇에도 제약받지 않는 힘, 그리고 이와 함께하는 자유야말로 선의 원천이다. 인간도 자유를 받았기에 하느님이 주시고, 인도하시는 모든 선을 받아들이는 길을 선택할 수도, 또는 받아들이지 않는 길을 선택할 수도 있다.

그러므로 실존에 대한 그리스도교의 이해는 범신론, 발생론, 진화론과는 다르다. 그리스도교 세계관에서는 천사, 인간의 자유가 선하신 하느님의 자유와 더불어 중요한 역할을 한다. 그러나 천사와 인간이 아무리 자유롭다 할지라도 자신들이 속한 물질의 영역, 영의 영역을 완전히 무질서하게 만들 수는 없다. 앞서 언급했지만, 만물은 어떤 법칙, 기원을 설명할 수 없는 법칙에 종속되고, 그 법칙을 따라서만 움직인다고 믿는 철학자들의 범신론은 선을 설명할 수 없다. 이에 따르면 선은 법칙의 일부거나(따라서 순전한 선이 아니거나), 존재하지 않는다.

지금까지 하느님이라는 존재의 세 가지 요소(무한한 선, 전능, 완전한 앎)에 대해 이야기했다. 이러한 요소들 사이에는 통일성이 있다. 선, 즉 하느님의 사랑은 가장 견고한 생명(삶)의 형태고, 하느님의 고유한 실존 양식인 전능은 만물의 진보를 허용하며, 진보하지 않더라도 자신을 잃지 않게 해준다. 그리고 앎은 선을 섬긴다. 하느님의 존재(즉, 그분의 선하고 복된 생명), 힘, 앎은 약화되거나 제약받지 않는다. 무로부터 창조된 피조물 안에서만 이 요소들은 약해질 수 있다. 이는 선물이며, 피조물들은 이 선물을 받아들이거나 거부할 수 있다. 받아들이면, 피조물들은 자신의 노력을 통해 성장한다. 받아들이지 않을 경우, 피조물들의 창조 행위는 일그러진다. 이때 힘은 자기중심주의를 섬기고, 자기중심주의는 자신의 힘을 늘리기 위해 논증과 정직하지 않은 판단을 활용한다. 자기중심주의에 빠진 피조물은 자신이 무한히 살 수 있다는, 모든 걸 알 수 있다는 잘못된 가정에 갇힌다.

이러한 틀 안에서는 '나'self가 그 자체로 목표가 되기 때문에 다른 이들과의 친교는 약화된다. 자기에게만 초점을 맞춘 선과 사랑은 더는 선과 사랑이 아니다. 힘은 약함으로 대체되고, 앎은 자신이 만물을 좌우할 수 있다는 특권으로 오인되고, 제한받는다. 그렇게 자기중심주의에 빠진 '나'는 커다란 어둠으로 치닫는다. 여기에는 성부, 성자, 성령이 사랑으로 하나를 이루는 하느님께 가까이 갈 수 있는 여지가 없다.

사도 요한은 선과 사랑, 앎과 빛이 연결되어 있음을 강조했다. 이들이 모두 생명이기 때문이다. 이 관계는 인간에게도 마찬가지로 적용된다.

> 자기 형제자매를 사랑하는 사람은 빛 가운데 머물러 있으니, 그 사람 앞에는 올무가 없습니다. 자기 형제자매를 미워하는 사람은 어둠 속에 있고, 어둠 속을 걷고 있으니, 자기가 어디로 가는지를 알지 못합니다. 어둠이 그의 눈을 가렸기 때문입니다. (1요한 2:10~11)

하느님은 사랑이시다. 그러므로 그 자체로 빛이고 생명이시다. 세 위격이 친교를 나누는 가운데 최상의 하나됨을 이루기 때문이다. 이 하느님에게서 멀어지면 피조물은 사랑과 힘을 잃고 어둠이 찾아온다.

하느님의 본질essence을 드러내는 모든 형식form은 그 자체로 교류할 수 있는 힘을 지니고 있다. 그분은 교류할 필요가 없다. 그러나 동시에 이들은 하느님 안에서 서로 교류한다. 달리 말해, 하느님은 존재(혹은 생명), 선, 빛(혹은 앎)으로 교류하는 세 위격으로 계시다. 그렇게 하느님은 가장 위대한 사랑을 드러낼 수 있는 가능성을 품은 채, 세 위격이 하나를 이루는 삼위일체로 계신다. 교류의 결핍은 생명, 선, 앎의 결핍으로 연결되기에 악과 무지를 낳는다. 생명, 선, 앎이 결핍된 상태는 피조 세계에만 해당한다. 이들은 피조 세계의 본질을 이루고 있지 않다.

하느님 본질의 세 가지 형식, 즉 하느님이 실존하는 방식으로서 세 위격은 만물을 풍요롭게 하는 진리다. 그렇기에 예수 그리스도는 자신을 성육신하신 하느님이자 진리라고 불렀다.

나는 진리요, 생명이다. (요한 14:6)

앎이 진리를 발견하고, 빛과 하나를 이루기에, 그리스도께서는 진리로서 자신을 "세상의 빛"(요한 8:12)이라고 말씀하셨다. 그리고 빛은 곧 진리에 대한 앎이기에, 그분은 "내 안에서 걷는 이는 어둠 속을 걷지 않는다"(요한 8:12)라고 말씀하실 수 있었다. 또한, 생명, 선, 빛(앎)은 서로 교류하기에 그분은 자신을 사랑이라고 하실 수 있었다.

따라서, 자신이 빛이라고 한 예수 그리스도의 말씀에서 우리는 그분이 사랑이라는 사실도 알 수 있다. 심지어 그분은 빛이 곧 생명이라고 직접 말씀하신다.

> 나는 세상의 빛이다. 내 안에서 걷는 이는 어둠 속을 걷지
> 않고 생명의 빛을 얻게 될 것이다. (요한 8:12)

사도 바울 역시 그리스도를 가리키며 말한다.

> 이 그리스도는 하느님의 힘이요, 하느님의 지혜입니다. (1고
> 린 1:24)

그리스도는 하느님의 힘이기에 생명이며, 지혜이기에 빛과
사랑이시다. 이 모든 형태가 하느님의 본질을 이루는 내용
이다. 그분 안에서 이들은 무한하다. 하느님은 자신 안에 이
들을 지니고 계시기에, 선이자 사랑이시기에 이들을 우리에
게로 흘려보내신다. 그분은 생명, 선, 앎의 원천이다. 성부의
아들로서 성부와 함께 생명, 선, 앎을 지니고 계신 예수 그리
스도는 당신의 아버지와 동일 본질이시다.

피조물은 제한을 받는다. 무한하지 않으며, 스스로 존재
할 수도 없다. 그들은 스스로 존재할 수 없으며 하느님이 창
조하셨기에 존재한다. 이는 그들이 제한을 받으며 하느님에

게 의존할 뿐 아니라 어떠한 형태로든 하느님의 본질과 연결되어 있음을 의미한다. 그들은 제한 아래서 하느님의 본질에 담긴 내용을 받는다. 피조물들은 이를 더 많이 받기를 갈망한다. 물론 이러한 무한에 대한 갈증은 '나'를 무한히 확장할 수 있다는 유혹이 될 수 있다. 하지만 이러한 유혹은 기만이다.

인간은 하느님과 같은 선상에서 관계를 맺고 있지 않다. 하느님이 세 위격, 인격으로 존재하신다는 말은 우리가 이 땅에서 나누는 사랑을 표현하는 것이 아니다. 오히려 삼위일체 하느님이 서로 나누는 영원한 사랑이 이 땅에서 이루어지는 사랑의 범위를 확장하고, 우리가 사랑을 갈망케 하며, 그 풍요로움을 이해할 수 있게 한다. 하느님은 우리가 하느님의 사랑을 필요로 하듯, 우리의 사랑을 필요로 하지 않으신다. 이는 인간의 유한한 본성으로 인한 결과다. 그렇기에 하느님께서는 당신의 무한한 사랑 안에서 우리가 성장하도록 도우신다. 가족, 동료, 다른 이들을 사랑할 때 일어나는 기쁨 가운데 성장하도록 도우신다.

물론 아무리 많은 이를 사랑한다 해도 누구도 우리를 온전히 만족시킬 수는 없다. 이 세계 누구도 우리에게 영원한 복을 보장해 줄 수 없다. 우리 스스로 무한한 사랑을 향해 자신을 열 수 없기 때문이다. 나와 마찬가지로 이 땅에 있는 모든 이는 삼위일체 하느님의 사랑을, 그분의 사랑과 관계 맺기를 목말라한다.

III

완전한 사랑

의식이 있는 존재는 세 위격으로 계시는 하느님과 인격을 지닌 인간을 제외하고는 없다. 하느님에게는 세 위격이 있고, 인간에게는 인격이 있으며 여러 인격체가 모여 인류를 이룬다. 그렇지 않으면 하느님도, 인간도 사랑이라는 목적을 성취하지 못하고 이를 통해 지복에 다다를 수도 없다.

하느님이 단일 인격, 혹은 위격으로 존재한다면, 그분은 영원한 선, 혹은 사랑일 수 없을 것이며, 따라서 하느님이라 할 수 없을 것이다. 그러나 그렇다고 해서 다수의 위격으로 존재한다면 각 위격의 상호성은 일그러지고, 결과적으로 삼위일체의 인격성 또한 훼손된다. 하느님은 세 위격으로 있을 때만 하느님으로 존재하실 수 있다. 세 위격일 때 절대적인 사랑을 할 수 있고, 또 받을 수 있는 관계가 성립되기 때문이다. 세 위격은 각각 다른 위격에 현존하기 때문에 각 위격에서도 전체 하느님을 볼 수 있다. 세 위격은 셋으로 분리된 신이 아니다. 교부들은 일관되게 하느님은 단일 인격이 아니라고 이야기했다. 하나의 인격만 있는 신은 하느님도 아니고 사실상 인격이 있다 할 수도 없다. 그러한 신은 전능할지 몰라도 선할 수 없고 사랑할 수 없다. 어떠한 존재와 사랑의 관계를 맺을 수 없는 독재자를 전능하다고 할 수 있을까? 과연 그런 신이 무에서 존재를 창조하기를 바랄까? 심지어 그렇게 창조할 수 있을까? 그렇다면 왜 하느님은 시간 안에서 창조된 존재들과 교감하시기를 바라실까? 하느님이 단일 인격의 신이라면 사실상 진화, 혹은 발산의 법칙, 즉 존재의 기원이나 결과를 설명할 수 없는 자연법칙에 종속된 비인격적 존재에 지나지 않을 것이다.

바로 이 때문에 교부들은 다신론을 거부한다는 미명 아래 성자와 성령의 신성을 부정하고 성부와 성령을 피조물, 좀 더 정확하게는 최초의 피조물이라고 선언한 아리우스파와 마케도니우스파(*성령의 신성을 거부한 이들)에 맞서 싸웠다. 이와 관련해 아타나시우스Athanasius*는 말했다.

"아들이 존재하지 않았던 때가 있었다"는 말은 마치 아버지가 존재하지 않았다는 말처럼 성부의 본질을 부정하는 불경한 추정입니다. 저 말은 사실상 "성부가 선하지 않을 수도 있다"는 말과 같기 때문입니다. 성부는 본성상 언제나 선하시기에 그분은 본성상 (성자를) 낳으십니다. "성부의 선한 기쁨은 아들이고, 말씀의 선한 기쁨은 성부"라는 말은 시간이 있기 전에 성부가 성자를 의도했다는 뜻이 아니라 성부와 성자가 본성에 있어서, 본질에 있어서 닮음을 의미합니다.[1]

인격이 없는 본질이 아들을 낳는다고 해서 아버지라는 인격이 될 수는 없다. 오히려 최고의 본질은 영원부터 낳는 아버지이자 태어난 아들로 인격화되어 있다. 이처럼 하느님의 본성은 인격화에 근거한다. 선함은 '아버지'와 '아들'의 영원한

---

* 알렉산드리아의 아타나시우스, 혹은 아타나시오스(295~373)는 4세기에 활동했던 성직자이자 신학자다. 니케아 공의회에서 성부와 성자의 동일 본질을 주장하고 관철해 정통 그리스도교 신앙을 대표하는 인물로 평가받는다. 주요 전례 교회에서 모두 성인으로 공경하며 개신교에서도 교회의 위대한 신학자로 받아들인다.

1 Athanasius, *Contra Arianos*, Oration 1.

관계에 근거한다. 성부와 성자로 인격화되기 '전에' 어떤 신적 본질이 '있었다'고 생각해서는 안 된다. 하느님은 선하신 분이고 영원에서 성부와 성자라는 위격을 지닌 것이 바로 그 선함을 보여 준다.

바실리우스Basil*는 성부와 성자의 신성한 관계를 하느님의 선함과 힘의 조건으로 이해했다.

> 선은 언제나 세계 너머에 계신 하느님과 함께 있다. ... 아들
> 의 아버지가 되는 것이 바로 선이다. ... 그래서 선은 언제나
> 아버지로부터 나오며 아들이 있는 것이 아버지의 뜻이다.
> 아버지는 선한 의지와 권능에 부족함이 없으시고, 당신에게
> 선하게 보이는 방식으로 힘과 의지를 행하신다. 또한, 그분
> 은 언제나 선을 원하시기에 아들을 갖고 계신다.[2]

---

* 카이사레아의 바실리우스, 혹은 바실레이오스(329~379)는 4세기에 활동했던 성직자이자 신학자다. 나지안주스의 그레고리우스와 함께 공부했으며 콘스탄티노플과 아테네를 여행하며 여러 스승에게 배웠다. 이후 카이사레아에 정착해 수사학 교사가 되었고 교육자로 큰 성공을 거두었으나 누나 마크리나에게 감화받아 그리스도교인이 되고 사제 서품을 받았으며 사십 대에 주교가 된다. 아리우스 논쟁에서 활약했으며 교회의 사회 활동에도 적극적으로 나섰다. 나지안주스의 그레고리우스, 니사의 그레고리우스와 함께 '카파도키아 교부'로 불리며 로마 가톨릭 교회와 정교회 모두 '교회학자'라는 칭호를 부여했다.

2 Basil of Caesarea, *Contra Eunomium* 2.12.

자신의 선함을 보여 줄 수 있는 인격이 하느님에게 없다면 하느님은 선하고 힘 있는 분일 수 없다. 다른 위격이 그분에게 없다면 하느님은 더는 당신의 선함을 영원히, 끊임없이 보여 줄 수 있는 자유를 누리지 못하실 것이다. 결국, 법칙에 종속될 것이다. 영원에서 한 인격이 다른 인격에게 선함을 가장 깊이 보여 줄 때 한쪽은 성부이고 다른 쪽은 성자다.

나지안주스의 그레고리우스는 앞에서 언급한 이단뿐 아니라 세 위격이 있음을 인정하나 셋으로 분리된 하느님을 고백하는 이단자들에 대해서도 반대했다. 그러한 고백은 세 명이상의 인간이 맺는 관계와 같은 방식으로 다수의 위격이 상호작용한다고 여기는 것이기 때문이다.

> 이러한 생각은 지극히 추상적인 사변에 불과합니다. 인간 개인은 시간, 기질, 능력에 따라 분리되어 있습니다.[3]

그레고리우스는 그리스인들의 다신교와 마주해 하느님은 한 분임을 확언하며 이렇게 이야기했다.

---

3 Gregory of Nazianzus, *Oration* 31.

우리는 한 분 하느님을 믿습니다. 그분은 신성에 있어 온전히 하나이시기 때문입니다. 비록 우리는 세 위격을 지닌 하느님을 믿지만, 그 위격들은 하나의 전체를 이루며 하나의 같은 본성을 지닙니다. 세 위격은 상대를 향해 우선권을 주장하지 않으며 자기만이 온전한 신성을 지니고 있다고 주장하지도 않습니다. 세 위격은 의지와 힘에서 나뉘지 않습니다. 그들에게서는 나눌 수 있는 것들에 있는 속성을 찾을 수 없습니다. 마치 서로 연결된 세 개의 태양에 하나의 빛이 있고 그 빛이 이들을 감싸는 것과 같다고 할까요. 유일한 주권이자 제일 원인인 신성을 생각할 때 우리는 단일한 전체에 대한 심상을 떠올리곤 합니다. 그러나 우리는 신성이 셋으로 있는 모습, 제일 원인에서 세 분이 영원하고 영광스러운 자신들의 실존을 끌어내는 모습을 봅니다. 우리는 이 세 분을 예배합니다.[4]

다마스쿠스의 요한John of Damascus[*]도 말했다.

---

4   위의 책.

[*] 다마스쿠스의 요한(675년경~749년경)은 동방 교회의 수도사, 사제이자 신학자다. 제국의 고위 관리를 지냈으나 예루살렘 근처 성 사바스 수도원에 들어가 수도사가 되었다. 이후 성상 논쟁에서 성상을 강하게 옹호했으며 이로 인해 세상을 떠난 뒤인 754년 히에리아 공의회에서

삼위일체는 마치 세 개의 태양이 분리되지 않은 채 각각의 빛을 내며 하나로 모이는 것과 같다.[5]

장례 예식 속 성가에서도 "하나의 신성에서 빛나는 삼중의 광채"를 언급한다.[6]

인간의 경우 여러 사람이 인간의 본성을 각자의 방식으로 반복하고, 재현하기 때문에, 온전한 하나됨을 이루지 않는다. 그러나 하느님의 각 위격은 자신의 본성을 반복하지 않으며 전체로서, 공동으로 소유한다. 이 같은 맥락에서 바실리우스는 인류 안에서 본성은 분산되어 있다고 말한 바 있다. 달리 말하면, 인간은 각자의 인격 안에서 인간의 본성을 반복한다. 그렇기 때문에 인간들은 완전한 연합을 이루지 못하지만, 본성은 동일함을 알 수 있다. 이 때문에 사람들은 부분적으로만 소통하며 자신들에게 인간으로서 공통된 본성이 있음을 안다. 같은 본성을 공유하는 사람들 사이에서는

파문당했으나 787년 제2차 니케아 공의회에서 복권되었다. 일반적으로 마지막 '교부'로 평가받으며 주요 전례 교회에서 성인으로 공경한다. 1890년 로마 가톨릭 교회에서는 그를 '교회학자'로 선언했다. 많은 성가를 남긴 이로도 널리 알려져 있다.

5 John of Damascus, *Exposition of the Orthodox Faith* 1.8
6 'The Office for the Burial of a Layman', *The Great Book of Needs*, vol. 3 (South Canaan, PA: St. Tikhon's Seminary Press, 2002), 189.

그 본성을 반복하게 하는 공간(혹은 대상)이 존재하지만, 온전한 친교를 이루지는 못한다. 인간이 영혼과 육체로 이루어져 있다는 사실도 이러한 분열을 조장한다. 영혼과 영혼은 좀 더 쉽게 소통할 수 있을지 몰라도, 육체와 육체는 온전한 소통이 힘들다.

바실리우스에 따르면 삼위일체 위격들 사이에는 "그 무엇도 끊을 수 없고, 끊임없이 이어지는 친교"가 있다. 그들은 무한한 내용을 공유한다.[7]

> 성부, 성자, 성령 사이에는 어떠한 간극도 없습니다. 성부, 성자, 성령 사이에는 어떤 것도 끼어 있지 않으며, 하느님의 본성 너머 그 본성을 쪼갤 수 있는 그 어떤 존재도 없기 때문입니다. 하느님의 조화로운 본질을 깰 수 있는 공백, 계속 울부짖기만 하는 공허emptiness란 존재하지 않습니다.[8]

성부를 어떠한 제한도 받지 않고, 창조되지 않은 존재로 생각한다면 성자와 성령 또한 같은 방식으로 생각할 수밖에 없다. 성자와 성령은 만물을 포괄하는 무한한 성부 바깥에 있

---

7 Basil the Great, *Letter* 38.
8 위의 책.

을 수 없다. 나아가 유일하게 창조되지 않은 존재와 더불어 찬미를 받으며 지혜롭고 전지전능하다. 성자, 성령에게서 우리는 어떠한 방해도 받지 않고 온전히 성부와 친교를 나누는 모습을 본다. 마찬가지로, 만물을 포괄하는 무한을 통해 이해되는 성자와 성령 없이 성부를 생각할 수 없다.

> 성자를 성부와 분리해서 생각하거나 성령을 성자와 분리해서 생각해야 한다는 이야기는 현명하지 못합니다. 물론 세 위격이 어떻게 친교를 나누는지, 어떻게 구별되는지 어떤 면에서는 이해할 수 없고 상상할 수 없습니다. 하지만 이렇게 위격들이 구별된다고 하더라도 하느님의 본질은 결코 손상되지 않습니다. 그분의 본질은 하나이며 그분의 위격들은 결코 혼동되지 않습니다.[9]

아타나시우스도 말했다.

> 성자가 그분 자신 안에 계시고, 성부처럼 존재하고 사신다고 말할 때, 육체와 육체 사이에 공간이 있듯 그분들이 연합

---

9 위의 책.

하실 때 그 사이나 공간이나 간격이 있다고 상상해서는 안 된다. 우리는 그분들이 어떤 매개도 없이, 간극 없이 서로 연합하고 있으며, 분리될 수 없는 존재라고, 즉 성부께서 성자를 품고 계시고, 성자는 성부에게 온전히 붙어 있으며, 홀로 성부의 품에 안식하고 계신다고 믿기 때문이다.[10]

따라서 하느님은 단일 인격으로 존재할 수 없다. 그러면 사랑을 나눌 수 없기 때문이다. 그렇다고 해서 수많은 인격으로 존재할 수도 없다. 수많은 인격으로 존재할 경우 각 인격은 제한을 받아 모든 것을 포괄할 수 없기 때문이다. 그러므로 우리는 한 인격으로 존재하는 하느님을 말할 수 없고, 세 인격으로 존재하는 하느님을 말할 수밖에 없다. 그분은 성령 안에서 연합한 성부, 성자의 관계를 통해 당신의 본질과 무한한 사랑이 하나를 이루게 한다. 그렇게 그분은 한 분 하느님이다. 세 위격은 동등하다는 이유로 각 위격이 나름의 고유한 성질을 지닌 하느님이라고 말해서는 안 된다. 앞서 말했듯, 세 위격이 한 인격이라고도 할 수 없다. 그렇다면, 인격을 단일 인격을 간주하거나 세 위격에 관한 이야기를 삼신

---

10   Athanasius, *De Synodis*.

론으로 말하지 않기 위해서는 어떻게 해야 하는가?

하느님은 한 분이시다. 하느님의 세 위격은 관계를 이루며, 한 위격은 다른 두 위격과의 관계가 어긋나지 않게, 특별하게 위치시키면서 포괄한다. 인간의 경우, 모두가 누군가의 아버지, 혹은 누군가의 아들이거나, 아버지, 혹은 아들이 될 수 있지만, 다른 사람과 부자 관계로만 연결되어 있지는 않다. 그러나 하느님의 경우에는 오직 한 분만 '아버지'다. 성부는 오직 성자와의 관계를 통해서만 모든 아버지됨을 나타내며, 성자는 성부와의 관계를 통해서만 모든 아들됨을 나타내신다. 성령은 성부와 성자의 관계, 그리고 성부와 성자를 향한 관계를 나타낸다. 그러므로 우리가 성부를 '아버지'로 여기고, '아버지'라 부를 때, 그분은 자신의 '아들', 즉 성자와 온전한 관계를 이루시는 아버지로 다가오신다. 또한, 우리가 그분을 성자로 여기고 '하느님의 아들'이라고 부를 때 그분은 아버지와 온전히 관계를 이루시는 아들로 다가오신다. 성령도 마찬가지다. 각 위격의 무한한 사랑이 완전하기에 세 위격의 관계는 완벽하게 친밀하며 완전한 하나됨을 이룬다. 하지만 그러한 가운데서도 한 위격이 다른 위격과 혼동되지는 않는다.

우리는 하느님 '아버지' 안에 존재하는 '아들'을 생각하지 않고는 그분을 '아버지'라고 생각할 수도, 부를 수도 없다. 마찬가지로 성자, 혹은 성령을 하느님이라 보지 않고는 하느님 '아버지'를 하느님 '아버지'라 말할 수도, 성자를 하느님의 '아들'이라고 말할 수도 없다. 성자인 독생자의 아버지, 그분의 유일한 아버지라는 하느님의 속성은 성부를 보이지 않는 유일한 분으로 생각하게 한다. 우리는 성자를 향한 아버지, 성부의 사랑만을 볼 수 있을 뿐이다. 성부는 인간 아들을 사랑하는 인간 아버지가 아니기에, 하느님과 연합한 그리스도를 하느님으로 보지 않고는 그분을 하느님이라고 부를 수 없다. 또한, 성자는 오직 하느님의 사랑을 받는 유일한 아들이시므로 그분을 통해 하느님 '아버지'를 보지 않고는 우리가 그분을 '하느님의 아들'로 여기며 성자 하느님이라고 부를 수 없다.

인간의 경우, 한 남성은 한 아들의 아버지일 수도, 많은 자식을 거느린 아버지일 수도 있다. 동시에 그는 또 다른 아버지의 아들이다. 인간 아들이 아버지를 사랑한다고 해서 아버지와 완전히 연합할 수 없다. 다만 그는 아버지를 포함한 여러 사람과, 그리고 자식이 있을 경우 그와 관계를 맺을 수 있을 뿐이다. 우리는 한 남자를 볼 때 그를 누군가의 '아들'로만 보지 않는다. 그 남자의 아버지도, 그의 조상도, 그의 손자도, 그의 형제도 마찬가지다. 그는 이들 중 누구와도 완전하고 절대적으로 연합할 수 없다.

그러나 하느님의 경우, 성부는 유일한 아들을 향해 영원한 아버지의 사랑을 품으며, 성자는 성부를 향해 영원한 아들의 사랑을 품는다. 그들은 영원에서 완전한 친교를 나눈다. 그리고 하느님은 당신이 창조하기로 결정한 세계에 위와 같은 방식으로 당신을 드러내신다. 성부는 절대적인 사랑의 감정과 더불어 성자를 생각할 수밖에 없으며, 우리도 성자를 당신과 연합한 존재로 여기기를, 그렇게 성자와 더불어 찬미받기를 바라실 뿐 아니라 이를 가능케 하신다. 성부가 하느님이시듯 성자도 하느님이시며 그 반대도 마찬가지다. 그분은 우리가 "당신은 하느님이시지만, 저분은 하느님이 아닙니다"라고 말하기를 원치 않으신다. 그분은 우리가 이렇게 말하기를 바라신다. "당신은 저분과 함께 하느님이십니다. 당신은 같은 하느님으로서 같은 찬미를 받기에 합당하십니다. 당신이 성자의 아버지가 아니라면, 당신은 하느님이 아니실 겁니다. 성자께서 하느님이시기에 당신은 하느님이십니다. 성자와 함께 성부이신 당신은 하느님이십니다."

존재의 유일한 아버지, 독생자의 아버지인 성부는 우리가 그분을 성자와 연합한 분으로만 생각하기를 원하신다.

그분은 자신의 모든 생각과 감정, 존재 전체를 성자와 함께 하기를 바라신다. 그분은 홀로 있기를 바라지 않으시며, 바로 그러한 이유로 아들과 구별되는 아버지로서의 속성을 유지하시며 단 하나의 아들을 가지신다. 우리는 이 성부와 성자의 하나됨을 깊이 생각해 보아야 한다. 성부는 자신을 향한 성자의 사랑을 놓치지 않으므로, 성자를 향한 자신의 사랑을 성자의 자신을 향한 사랑과 일치시키신다. 여기서도 성부와 성자는 혼동되지 않는다. 성부는 주체로서 자신을 향한 성자의 사랑을 경험한다. 그렇게, 우리는 성부와 성자가 혼동되지 않으면서 하나됨을 본다. 자신을 향한 자식의 사랑을 느껴본 사람이라면 이런 이야기가 완전히 낯설지는 않을 것이다.

인간 부모 자식 관계에서도 이를 경험할 수 있는데 성부와 성자의 관계는 어떠하겠는가. 성부, 성자, 성령을 한 분하느님으로 여기는 이유는 이 때문이다. 우리는 성부를 하느님이라고 부르며 세 신을 상상하지 않고, 세 위격을 혼동하지 않으면서도 성자와 성령을 하느님으로 고백한다. 세 위격, 즉 성부, 성자, 성령은 혼합되지 않은 본질 전체를 지니며, 각 위격은 이 본질을 나누지 않고서도 다른 위격과 혼동되지 않으며 온전한 하느님이시다. 요한 복음서에서 예수 그리스도께서는 여러 방식으로 이를 말씀하신다. 이를테면 빌립이 예수께 "우리에게 아버지를 보여 주십시오"라고 청하자, 그분은 말씀하신다.

> 나를 본 사람은 아버지를 보았다. ... 내가 아버지 안에 있고 아버지께서 내 안에 계신다는 것을, 네가 믿지 않느냐? 내가 너희에게 하는 말은 내 마음대로 하는 것이 아니다. 아버지께서 내 안에 계시면서 자기의 일을 하신다. 내가 아버지 안에 있고, 아버지께서 내 안에 계신다는 것을 믿어라. (요한 14:8~11)

우리도 부분적으로는 이러한 일을 경험하지만, 우리는 유한하고 의존적인 피조물이기에 무한함을 온전히 이해할 수는 없다. 아이가 말할 때, 아이는 자신의 엄마도 자신과 함께 말함을 느낀다. 아이만 그런 것이 아니다. 아이와 어머니를 아는 모든 사람도 이를 안다. 인간은 결코 홀로 말하지 않는다. 그의 말, 행동은 일종의 친교 가운데 일어난다. 부모는 아이의 행동에서 자신을 본다. 그러나 지상의 부모는 한 아이만의 부모가 아니므로(설령 실제로는 한 아이만 있더라도 더 많은 아이를 가질 수 있는 능력이 있으므로) 어느 아이에게서도 자신을 완전히 보지는 못한다.

세 위격 안에 계신 한 분 하느님에 대해 좀 더 깊이 살펴보자. 한 인간이 다른 이와 교류할 수 있으려면 "나"I와 "너"Thou가 반드시 있어야 한다. 그리고 그들에게 관심을 기울이고 연합할 수 있게 해 주는 "그"Him라는 제삼자가 있어야 한다. 인격은 다른 인격과 대화를 나누어야 한다. 그리고 "나"와 "너"에게 가장 흥미로운 주제, '나'와 '너'를 엮어주는 존재는 바로 "그"다. 하느님 안에서 세 위격은 각기 무한한 본질을 포괄하기에 본질을 나누기 위해 더 많은 존재를 필요로 하지 않는다.

지고한 "나"와 "너"의 관계는 한 인격이 온전히 "낳는 이"일 때, 다른 인격이 그 "낳은 이"의 온전한 독생자일 때다. '아버지'에게 또 다른 '아들'이 있거나, 또 다른 '아들'을 낳을 수 있다면, '아버지'에게 아버지의 자질과 함께 아들의 자질도 있다면, 혹은 아들이 다른 아들의 아버지이고, 아버지의 아들일 뿐만 아니라 어머니의 아들이기도 하다면, 그들의 사랑은 단 하나의 '낳은 이'와 독생자의 사랑만큼의 밀도를 갖지는 못할 것이다.

하지만 두 위격에, 그들만큼 그들을 사랑할 수 있고, 그들만큼 무한한 제삼자가 없다면, 그들을 하나로 묶을 수 있는 무언가가 사라질 것이다. 물론 이 제삼자는 '아버지'가 '아들'을 낳듯 낳을 수 없으며, '아들'과 함께 '아버지'를 낳을 수도 없다. 그러한 면에서 성령은 성부의 또 다른 '아들'이거나, 성자의 또 다른 '아버지'일 수 없다. 대신 성령은 성자를 향한 성부의 사랑과 성부를 향한 성자의 사랑을 나타내는 존재다. 성령은 성부와 성자 사이의 사랑을 증가시키는 호혜적 관심, 즉 아버지됨과 아들됨을 강화하는 사랑을 통해 두 위격이 연합하게 한다. 성령은 성부의 사랑으로 성부에게서 성자를 향해 나아가고, 성자에게 도착하면 성자의 사랑을 성부에게 되돌린다. 이렇게 사랑으로 둘은 완전히 하나로 엮이며 그 무엇도 이들을 분리할 수 없다. 그러므로 세 위격은 세 신이 아니다. 오히려 각 위격은 온전한 하느님이시다.

나지안주스의 그레고리우스는 여러 저술에서, 하느님은 세 위격이지만, 한 분이시며, 세 신이 아니라 각 위격이 온전히 하느님이라는 가르침을 분명히 한다. 세 신성한 위격이 있다면 이는 사실상 삼신론이라고 이야기하는 사람들에게 그는 말한다.

우리는 양쪽(하느님은 단일 인격만 지니고 있다는 주장, 삼위일체가 삼신론이라는 주장)과 싸우고 있습니다. 신성은 하나이기에 하느님은 한 분이십니다. 비록 우리는 세 위격을 지닌 하느님을 믿지만, 그 위격들은 하나의 전체를 이루며 하나의 같은 본성을 지닙니다. 세 위격은 상대를 향해 우선권을 주장하지 않으며 자기만이 온전한 신성을 지니고 있다고 주장하지도 않습니다. 세 위격은 의지와 힘에서 나뉘지 않습니다. 그들에게서는 나눌 수 있는 것들에 있는 속성을 찾을 수 없습니다. 마치 서로 연결된 세 개의 태양에 하나의 빛이 있고 그 빛이 이들을 감싸는 것과 같다고 할까요. 유일한 주권이자 제일 원인인 신성을 생각할 때 우리는 단일한 전체에 대한 심상을 떠올리곤 합니다. 그러나 우리는 신성이 셋으로 있는 모습, 제일 원인에서 세 분이 영원하고 영광스러운 자신들의 실존을 끌어내는 모습을 봅니다. 우리는 이 세 분을 예배합니다.[11]

그레고리우스의 반대자들은 말했다. "비그리스도교인들도 신성이 하나라고 주장하고, 우리도 인성이 하나이며 온 인류가 그러한 인성을 지니고 있다고 생각합니다. 그럼에도 비그리스도교인들은 여러 인간이 있듯 한 분 하느님이 아니라

---

11 Gregory of Nazianzus, *Oration* 31.

여러 신이 있다고 믿습니다."[12] 여기에 대해 그레고리우스는 답했다.

> 이러한 생각은 지극히 추상적인 사변에 불과합니다. 인간 개인은 시간, 기질, 능력에 따라 다양합니다. 인간은 단순한 화합물이 아닙니다. 인간의 경우에는 자신 안에서도 대립하는 요소들이 있기에 일관성이 없습니다. 우리는 평생은 고사하고 단 하루도 똑같지 않습니다. 우리의 몸과 영혼은 언제나 요동치고 끊임없이 변화합니다. 이와 같은 특성이 천사들도 있는지, 이러한 특성이 삼위일체 하느님 다음으로 고귀한 본성인지는 알 수 없습니다. 다만 천사들은 우리와 같은 복합체가 아니며, 지고의 아름다움 가까이에 있기에 우리보다 더 확고하게 이와 같은 관계를 맺고 있습니다.[13]

하느님의 세 위격은 각기 다른 방식으로 신성의 고유한 본질을 나타내기에 인간과는 다른 방식으로 통합되어 있다. 그분은 그렇게 한 분 하느님이다. 하느님의 위격은 인간의 인격이 아니기 때문에 인간인 우리보다 더 통합되어 있다. 하

---

12 위의 책.
13 위의 책.

느님은 스스로 본질을 반복하지 않고, 다른 방식으로 전체의 본질을 드러낸다. 그러므로 삼위일체는 반복되지 않는 동일 본질의 세 형식이 완전한 연합을 이룬 것이다.

각 위격은 자기 안에 다른 두 위격을 완전히 가지고 있다. 무한자는 자신의 본질을 스스로 반복하지 않지만, 그렇다고 해서 세 위격은 혼동되지 않으며 각기 다른 방식으로 본질의 모든 힘을 사용하고 서로 교류한다. 인간은 마치 다양한 실로 매듭이 만들어지듯 같은 본성을 공유하면서 반복되는 방식으로, 가까이 있는 사람들끼리 육체적으로, 영적으로 교류한다. 때로는 두 사람을 연결하는 실이 서로 겹쳐 한 사람의 삶이 다른 사람과 거의 유사한 경우도 있다. 그러나 모든 사람이 하나로 연합된 삶을 살 수는 없다. 그들 사이에는 거리가 있기 때문이다. 마지막 때, 그리스도 안에 있는 이들이 만물을 온전히 알 때, 삼위일체의 위격들이 연합하듯 더 온전히 연합할 것이다. 모든 존재는 성령을 통해 성자 안에서 성부와 함께 연합할 것이다. 물론 이때도 하느님의 위격들이 연합하듯 연합하지는 못할 것이다.

이 땅에서 우리는 몇 가닥의 실로 연결된 점이 아니다. 그보다는 여러 실이 엮여 있는 매듭이다. 한 매듭에서 실이 나와 또 다른 매듭이 만들어지듯 각 인간은 인간의 본성을 반복함으로써 연결된다. 이 땅에는 수많은 매듭이 있으며 어떤 매듭은 다른 매듭보다 더 많은 실로 이루어져 있다. 본성을 반복하나 연결되는 실이 적을수록, 달리 말하면 다른 사람과 연결이 되지 않으면 않을수록 그는 영적으로 죽은 것이다. 삼위일체라는 연합은 바로 이 연결, 즉 의식을 지닌 존재들의 연합을 일궈 내는 원천이며 이를 우리가 이 영원한 연합을 지향하도록 돕는다.

IV

구별되나 연결되는

하느님의 본질은 영원부터, 혹은 시작 없이, 세 위격(태어나지 않으신 성부, 성부로부터 나신 성자, 아버지에서 아들을 향해 나아가는 성령)으로 있다. 어느 위격이 다른 위격보다 먼저 있지 않다. 세 위격이 있기 이전에 하나의 비인격적인 본질이 있지도 않다. 성부가 태어나지 않고, 성자가 성부에게서 태어나며, 성령이 성부에게서 나오는 것은 시간순을 따라 일어난 일이 아니다. 바실리우스 성찬 예배에는 이런 기도가 나온다.*

---

* 정교회에서 드리는 세 가지 성찬 형식(성 요한 크리소스토무스 성찬, 성 바실리우스 성찬, 성 야고보 성찬) 중 하나. 사순절의 다섯 주일과 성주간 목요일과 토요일 아침, 성탄절 전날 밤(24일), 1월 1일 바실리우스 축일 등 일 년에 10번 거행되며, 사제의 기도를 제외하고는 성 요한 크리소

오, 우리 하느님 되시는 주권자 예수 그리스도, 영원한 생명의 근원 ... 영원한 아버지와 똑같이 영원하고, 함께 영원한 아들...[1]

하나의 동일한 신성이 영원히 태어나지 않으신 성부 안에 있고, 성자 안에서 영원히 태어나며, 성령 안에서 영원히 나온다. 이는 무한하기에, 이 과정으로 인해 세 위격이 두 배가 되거나, 온전해지지 않는다. 성부는 영원부터 태어나지 않은 방식으로, 성자는 성부에게서 영원히 태어나는 방식으로, 성령은 성부에게서 성자를 향해 영원히 나아가는 방식으로 신성을 지닌다. 하느님의 본질은 오직 성부 안에 있기에 태어나고 나아간다. 본질은 영원부터 성부에게 있기에 태어나지 않는다. 본질이 그 자체로 태어나지 않았다면, 본질은 자기 자신을 낳아야 했다. 그러한 가운데 그 자체로 존재하면서 형태를 취하지 않은 본질은 세 위격이라는 양식으로 드러난다. 영원에서 하느님의 본질은 태어나지 않은 성부, 태어난 성자, 나아가는 성령이라는 위격 외에 다른 방식으로 실존하

스토무스 성찬과 대체로 유사하나 조금 길게 진행된다.

1 'Preparatory Prayers for Holy Communion', *Prayer Book* (Jordanville, NY: Holy Trinity Monastery, 1960), 326.

지 않는다.

삼위일체 하느님의 단일 본질은 성부에게는 영원히 태어나지 않는 속성이고, 성자에게는 영원히 태어나는 속성이며, 성령에게는 영원히 나아가는 속성이다. 하느님의 태어나지 않는 속성, 태어나는 속성, 나아가는 속성은 변치 않는다. 영원부터 이 속성들은 태어나지 않은 위격으로서의 성부, 태어난 위격으로서의 성자, 나아가는 위격으로서의 성령 안에 실존한다. 세 위격은 모두 영원에서 실존하며 차례로 나타나지 않는다. 어떤 발산의 법칙을 따라, 범신론의 방식으로 성부에게서 성자와 성령으로 흘러나오지 않는다. 각 위격은 영원부터 다른 두 위격 안에 있다. 또한, 각 위격은 어떤 뜻을 따라 한 번에 하나씩 나타나지 않았다. 그렇게 되면, 우리는 시간상 성부가 성자와 성령보다 먼저 존재했다고 생각할 것이다. 이 경우, 하느님은 고유한 발전 법칙을 지닌 최초의 실체로 축소된다. 세 위격은 세 의지가 모여 형성되지 않는다. 그렇게 되면, 하느님은 다시금 세 위격으로 형성된, 어떤 법칙을 지닌 최초의 실체가 될 것이다. 하지만 세 위격은 영원에서, 시작이 없는 참된 사랑으로 실존한다. 모든 신성은 하느님이 자신의 실존을 의식하는 '순간' 있기에, 영원에 존재하는 세 위격은 이를 모두 공유한다. 하느님의 세 위격이 실존하는 방식은 그들의 선함을 통해 드러난다. 달리 말하면, 하느님의 세 위격은 영원부터 존재하는, 시작이나 원인이 없는 사랑이다. 이 사랑은 성부에게서 성자를 향해 움직이며 성자는 응답하며 성부에게 되돌린다. 낳은 이와 태어난 이의 사랑보다 더 깊고 순수한 사랑은 없고, 낳은 이가 온전히 '낳은 이'일 때, 태어난 이가 온전한 '태어난 이'일 때 더욱 그러하다. 하느님이 온전히 '아버지'로서 사랑을 줄 때 가장 깊은 사랑이 나타나며, 하느님이 온전한 '아들'로서 이를 되돌릴 때 가장 온전한 응답이 나타난다. 이와 같은 맥락에서 하느님은 태어나지 않고 다른 위격을 낳음으로써 자신의 인격을 나타낸다. 우리 인간은 바로 이 인격, 최고의 선에 잇닿아 있기에 선해질 수 있다. 우리의 삶은 무의미하게 방향 없이 흐르는 것이 아니다. 자기를 온전히 내어주는 하느님의 생명과 자유로 말미암아 충만에 이른다. 그러므로 모든 생명체의 삶은 하느님의 선물이다. 하느님이 주신 사랑에 우리가 응답할 때 하느님은 기뻐하신다. 이와 같은 방식으로 사랑하는 존재인 하느님은 온전히 주시고, 그 사랑에 대한 응답을 받는다.

태어나지 않은 위격이 없다면, 시작부터 끝까지 '아버지'이신 분도 없을 것이다. 그렇다면 이 끝없는 영원한 탄생의 여정은 어디서 끝난다는 말일까? 세 위격의 완전성과 영원성은 분명 연합해 있다. 영원부터 자신의 인격 전체를 주기 원했던 첫 번째 위격은 영원에서 다른 위격을 낳았다. 달리 말하면, 하느님은 하느님 자신을 온전히 주셨다. 그렇기에 그분은 다른 분 안에 계시고 다른 분은 그분 안에 계신다. 모든 존재, 혹은 모든 선의 근원인 그분은 자신과 동등하고 완전한 연합을 이루는 다른 위격에게 자신의 모든 것을 준다. 이 완전한 선의 결합을 통해 첫 번째 위격은 다른 위격의 기원이 되며, 자신의 모든 선함을 받은 위격, 자신의 존재를 받은 위격의 응답으로 기쁨을 누린다. 그렇게 영원한 한 분은 독생자를 낳으셨고, 자신의 모든 것을 그분에게 주셨다. 성자는 자신이 받는 끝없는 선으로 자신을 충만히 채우고, 감사를 담아 태어나지 않은 분, 성부께 모든 것을 돌려 드린다.

인간인 우리도 다른 사람에게 더 많이 줄수록 더 풍요로워진다는 사실을 경험한다. 자신을 온전히 내어주시는 성부는 자신을 받아들이는 이에게 당신을 선물로 주신다. 성부는 자기 사랑의 또 다른 증거로 성령을 성자에게 주신다. 그러므로 성령은 성자의 형제가 아니다. 성부가 성자에게 주는 선물, 성자가 성부의 사랑을 보여 주는 이가 되게 하는, 성부 안에서 사랑에 바탕을 두고 감사하는 이가 되게 하는 선물이다. 이와 관련해 나지안주스의 그레고리우스는 말한다.

성부, 성자, 성령 이렇게 셋은 구별되지만, 본질에서는 구별되지 않습니다. 영원에서 하나는 둘로 변화하고 셋에서 멈춥니다. 시간이 없고, 물질도 없는 차원에서 성부는 "발산"emanation의 기원이자 모든 "자손"의 부모, 눈에 보이는 만물의 원천이자 창조주이십니다. 우리는 비그리스도인인 철학자가 주장하듯 "선의 넘침", "마치 그릇에서 무언가 넘치듯" 만물이 그분에게서 흘러나온다고 이야기해서는 안 됩니다. 플로티누스Plotinus는 제1 원인과 제2 원인들을 이런 식으로 설명했지요. 그러나 우리는 하느님에 대한 생각과 일치하지 않는, 그분의 뜻과 무관하게 무언가 생성된다는, 만물이 일종의 억제되지 않은 자연의 분비물이라는 생각을 해서는 안 됩니다. 우리는 그리스도교 언어로 하느님을 "태어나지 않은 분", "태어난 분", 그리고 (성서 구절이 말씀이신 하느님이 말씀하셨듯) "아버지에게서 나오는"(요한 15:26) 분으로 이야기합니다. 그렇다면 성자는 '언제' 태어나고, 성령은 나오셨을까요? 그분들은 시간을 초월하시기에 적절한 이야기는 아니지만, 애써 답을 하자면 성부께서 하셨을 때입니다. 그게 언제일까요? 성부께서 계시지 않았던 때는 없습니다.[2]

---

2 Gregory of Nazianzus, *Oration* 29.

어떤 존재가 영원부터 그 자체로 있다면, 그 존재는 최고선이며 태어난 존재, 혹은 무언가가 낳은 존재일 수는 없다. 그 존재는 온전히 그 자체로 있어야 한다. 또한, 무한한 선과 동일한 이 존재는 증식할 수 없다. 이 존재가 무한한 선, 무한한 실존을 주고받는다면 이는 자신을 증식하는 것이 아니라 제2의 의식, 제3의 의식을 살게 하는 활동으로 보아야 한다. 영원에서 자신을 의식하는 존재, 어떠한 원인도 없는 선함을 지닌 존재는 풍요롭지 않을 수 없다. 그러나 이 존재가 풍요로운 이유는 자신의 본질을 무한히 생산하기 때문이 아니다. 그보다는 이 영원한 선을 공유할 수 있는 또 다른 의식, 다른 두 의식이 있게 할 수 있는 능력이 있기 때문이다. 선은 의식을 지닌 존재, 특히 의식을 지닌 세 존재가 함께 누려야 한다(셋이 넘으면 이 존재는 상대화된다). 자신을 의식하며 만물의 근거가 되는 존재는 자신이 지닌 모든 것을 받을 수 있으며, 자신과 동일하나 구별되는 존재를 낳는 능력과 그런 존재를 내보낼 수 있는 능력이 있다.

바로 이 때문에 교부들은 성부와 성자의 관계를 정신과 이성의 관계로, 삼위일체를 아버지의 인격으로 성취된 세 위격의 관계로 보았다. 존재 자체는 이런 방식으로, 관계로, 세 위격으로 자신을 이해한다. 자기를 의식하는 완전한 존재에게는 형상이 있다. 이 형상을 상상만 한다면 참된 기쁨이 없기에 이 형상 또한 실재성을 지닌다. 그러나 이 형상은 존재 자체로부터 분리된 또 다른 실재일 수 없다. 이성(로고스)을 통해 지고의 정신은 그 자체로, 무한함의 전체 내용에 기쁨을 느끼고 자신을 완전히 발견한다. 이성은 정신의 활동, 혹은 생각하는 주체의 행동이다. 최고의 주체는 이성을 통해 자신을 생각한다.

홀로 있는 존재는 인간은 물론, 신도 될 수 없다. 존재는 의식을 지닌 다른 존재와 친교를 나눌 때 빛을 발하고 기쁨을 누린다. 그러나 인간도 혼자 있을 때 자신을 다른 사람 보듯 볼 때가 있다. 그때 '나'는 '나'와 대화하고, '나'를 통해 기쁨을 느끼고, '나'를 깨우고, '나'를 바로잡는다. 이와 유사하게, 하지만 동시에 다르게 한 분 하느님 안에서 성부와 성자는 사랑과 기쁨이 충만한 대화를 나눈다. 하느님은 성자라는 위격을 통해 자신을 교정하지 않으신다. 다만 기쁨을 누리신다.

이 같은 맥락에서 요한은 사람들이 인격에 대해 이야기하듯 하느님의 말씀에 대해 이야기할 수 있었다.

태초에 '말씀'이 계셨다. 그 '말씀'은 하나님과 함께 계셨다.

그 '말씀'은 하느님이셨다. (요한 1:1)

성부가 성자에게 듣는 말은 하느님과 다른 어떤 존재의 말이
아니라 그분과 완전히 일치하는 성자의 말이다. 성자는 하
느님의 인격화된 말씀으로써 말하고 응답한다. 성부께서 말
씀하시지 않으시면, 성자는 존재하지 않을 것이다. 성부께서
말씀하실 때, 그 말씀은 위격화되고 그분에게 응답하는 별
도의 위격이 되어 성부의 '말씀' 그 자체로 드러난다. 말씀 즉
성자와 성부의 대화는 기뻐하는 사랑으로 하느님의 삶을 드
러낸다. 이 대화는 피조물들에게 하느님이 어떤 분인지를 감
지하게 하고 이성으로 가득 찬 빛을 비춘다. 하느님의 아들
이 아버지의 독생자, 혹은 이성(말씀logos)이라고 불리는 이유
는 그분이 모든 피조물 아래 흐르는 일관된 이성을 자신의
인격에 포함하고 있기 때문이다. 이를 통해 우리는 고백자
막시무스의 말을 이해할 수 있다.

헤아릴 수 없고 신비로운 이성, 그리스도의 머리는 만물과
모든 방식을 통해 절대적이고 무한히 높이 오르게 된 정신
입니다. 바로 이 그리스도를 신자들은 영을 통해, 정신의 이

성을 이해하게 됩니다.[3]

막시무스의 말은 '아들'을 가지신 하느님 '아버지'와 피조 세계가 완전히 분리되어 있지 않음을 보여 준다. 하느님은 아들의 본을 따라 피조 세계에 이성을 주셨다. 이러한 맥락에서 인간은 하느님의 '아들'을 통해 '아버지' 하느님을 알고, '자신의 말'을 통해 '아버지의 말씀'과 연합하도록 창조된 지성의 연합체, 혹은 '연합을 지향하는 말'이다. 하느님은 조화 가운데 함께 살도록 이 세계에 지성체들을 창조하셨다. 그들은 하느님을 향해 나아가기 때문에 하느님의 말씀과 사랑을 배척하지 않는다. 고백자 막시무스의 주해서 중 한 구절에서는 이를 좀 더 정확하게 표현하고 있다.

> 하느님은 만물을 창조하신 이성과 함께 계시므로, 누군가 자신의 정신을 돌아보면, 이성이 그 정신의 원천을 이야기해 줍니다. 하느님은 정신으로 이성을 낳았기에 우리는 그분을 아버지, 혹은 그리스도의 머리로 고백합니다.[4]

---

3 Maximus the Confessor, *Questions to Thalassius* 25.
4 위의 책, Scholion 6.

정신으로서 하느님 '아버지'는 지성을 지닌 모든 피조물이 조화를 이루게 하는 이성의 머리다. 그렇기에 우리가 이성을 올바르게 사용하면 이를 통해 이 세계와 피조물들이 어떻게 조화를 이루는지를 발견할 수 있다. 달리 말하면, 성자 안에서 그들이 어떻게 연합하는지, 더 나아가 그들의 궁극적인 기원인 '아버지' 안에서 어떻게 연합하는지를 깨달을 수 있다. 지성을 지닌 모든 피조물은 자기보다 더 높은 연합에 참여한다. 지성을 지닌 인간의 경우 먼저 지성을 지닌 다른 사람을 이해하려 노력하고, 생각하는 자신과 별도로 실존하는 이 세계를 이해하려 노력한다. '말'을 통해 다른 이와 소통하며 자기 너머에 있는 세계에 대한 좀 더 근원적인, 좀 더 보편적인, 좀 더 통찰력 있는 이해를 추구한다. 하지만 우리에게 세계를 온전히 설명해 줄 수 있는 건 하느님의 이성뿐이다. 하느님의 이성은 우리의 지성보다 우월하나, 우리 지성의 참된 근원이자 목적, 그렇기에 세계의 참된 지성이다.

우리는 세계에서 하느님의 이성을 발견할 수 있다. 하지만 동시에 하느님의 이성은 세계를 넘어선다. 하느님의 이성과 세계의 관계에 대해 막시무스는 이렇게 설명한다.

피조물에 대한 자신의 이해를 부정함으로써 신비롭게, 모든 이성 위에 있는 이성을 어떤 매개 없이 볼 수 있게 된 이는 어디에도 없는 완전히 고유한 하느님의 이성을 머리에 가지고 있습니다. 그 이성은 한 정신의 산물입니다. 이 정신은 자신의 머리를 향해 움직이듯 정신과 하나인 성령을 따라 자신을 따르는 인간 정신에 생명을 줍니다.[5]

인간의 정신은 하느님의 이성을 추구한다. 그 이성을 통해 삶과 만물의 의미를 발견하기 때문이다. 그러한 면에서 하느님의 이성과 우리의 이성은 연결되어 있다. 또한, 이 이성은 우리의 삶과 연결되어 있다. 그렇기에 인간들의 조화를 이루시며 그 본이자 궁극적인 원천인 하느님의 사랑 없이 참된 삶은 불가능하다. 그래서 참된 삶은 참된 이성, 최고의 정신과 일치한다. 성자, 즉 말씀은 성부에게서 태어났지만, 동시에 성부를 향한다. 만물의 근원인 성부에게서 태어난 성자는 만물을 창조하는 이성이다. 이성을 지닌 우리는 피조물을 이해하고, 만물을 창조한 이성, 즉 성자를 본받아 만물의 근원인 최고의 이성 즉 하느님을 향해 올라간다. 하느님의 이성은 그 자체로 만물을 비추기 때문에 하느님의 이성에 잇닿은

---

5   위의 책, Scholion 10.

우리의 이성은 말씀과 연합하면 연합할수록 만물의 참된 의미에 다가간다.

> 만물 위에 있는 이성의 머리는 ... 원인이 없는 정신이며 원인 그 자체인 이성과 함께 있습니다. 신앙으로 이 이성을 보는 이는 영원에서 이성을 낳는 정신과 함께, 이성 안에 있는 정신을 함께 봅니다.[6]

만물을 설명하는 최고의 이성은 우리의 이해 능력 너머에 있지만, 신앙을 통해 닿을 수 있다. 그러므로 신앙과 이성은 대립하지 않는다. 이 이성에 다다르게 되면, 신비롭게도, 만물의 의미인 최고의 정신에 도달한다.

만물의 궁극적인 의미는 오직 하느님에게서 찾을 수 있다. 그분에게는 어떤 원인도 없으며 아들, 즉 당신의 이성을 통해 만물의 근원이 되신다. 최고의 이성은 어떠한 원인도 없기 때문에 인간의 이성보다 높다. 동시에, 최고의 이성은 모든 피조물의 지닌 이성의 궁극적인 원인이다. 삶의 의미는 이성으로 파악할 수 있지만, 궁극적인 삶의 의미를 파악하기

---

6   위의 책, Scholion 12.

위해서는 최고의 이성 즉 하느님의 이성이 필요하다. 설명할 수 없는 최고의 의미는 원인이 없는 최고의 주체, 하느님의 이성으로만 알 수 있다. 그러나 그분 홀로 자신을 이해한다면 그분은 온전한 기쁨을 누릴 수 없다. 그렇기에 하느님은 그분의 이성을 통해 자신을 이해하신다. 이 둘(하느님과 그분의 이성)은 영원한 사랑의 친교를 나누며, 만물의 합리성, 사랑, 조화, 의미는 바로 여기에 바탕을 두고 있다.

정신, 혹은 지성의 활동을 통해 성부는 자신을 이성을 지닌 존재로, 즉 '말씀'logos으로 인식한다. 그러한 면에서 '말씀'은 성부의 참된 형상이다. 성부는 자신의 감정(성령)으로 자신의 형상을 사랑한다. 말씀, 혹은 최고의 이성인 성자는 성부의 자기 이해의 산물이며, 성령은 성부의 형상에 대한 사랑의 감정, 혹은 '마음'의 산물이다. 성자는 성부의 사유임과 동시에 성부를 향한 사유이며 성부의 형상이다. 이 형상을 향한 성부의 사랑이 바로 성령이다.

바실리우스는 "말씀"이라는 명칭에서 하느님 아버지가 자기 자신에 대해 생각하는 것을 도출해 냈다. 그는 물었다. "왜 그분을 '말씀'이라고 부를까요?" 그리고 스스로 답했다. "그분이 정신에서 나오심을 보여 주기 위해서입니다." 이어서 바실리우스는 말했다.

그분은 자신을 낳으신 분의 형상이며, 자신을 낳으신 분 안에서 형상을 드러내고 완성하십니다. 말씀은 그 자체로 완전하지만, 우리의 말이 생각에 연결되듯이 자신을 존재하게 하신 분과 분리되지 않습니다. ... 따라서 요한은 그분이 아버지로부터 나신 분임을 보여 주기 위해, 시간 밖에서 성자와 성부의 관계를 보여 주기 위해 그분을 '말씀'이라고 불렀습니다. 우리가 하는 말들 역시 우리의 정신에서 나오나 정신을 소모하지 않습니다. 말들은 정신과 분리될 수 없습니다. 말들은 정신에서 나뉘어 나오지 않으며 정신에서 흘러 나오지도 않습니다. 본질상 정신은 하나의 전체로서 말들을 생성합니다. 게다가, 말에는 말을 생성하는 정신의 힘이 담겨 있습니다.[7]

요한은 말했다.

말씀이 하느님과 함께 계셨으니 이 말씀은 곧 하느님이시라. .. 만물이 그로 말미암아 지은 바 되었으니. (요한 1:1,3)

---

7   Basil the Great, *Homily* 16.

이 구절은 말씀을 아버지와 분명하게 연합한 분으로 보여 준다. 게다가 무엇보다도 요한은 아버지께서 아들을 통해 자신을 계시하셨다고 말한다. 영원에서 성부는 성자를 통해, 그리고 성령과의 밀접한 관계 속에서 자기 자신과 대화를 시작하였다. 그러므로 "만물이 그로 말미암아 창조되었다"는 구절은 하느님 안에서 말씀이 무에서 유를 창조하는 전능한 힘이며, 만물의 창조는 '아버지'와의 친교 가운데, 그분의 선한 뜻에서 이루어짐을 알려 준다. 하느님은 충만한 힘인 자신의 말씀으로 만물을 지탱하신다. 말씀은 피조물로부터 자유롭지만, 말씀 없이, 그리고 성부와 성자가 사랑을 나누는 친교 없이 피조물은 존재할 수 없다. 피조물은 아무런 뜻도 없는 진화를 통해 존재하게 된 것이 아니다. 자유로운 말씀, 그리고 이 말씀으로 만물을 창조하신 성부의 선한 뜻을 따라 존재하게 되었다. 말씀은 영원에서 자신이 아버지와 나누는 친교, 그리고 자신을 자유롭게 써서 의식을 지닌 존재를 창조하시고, 유지하시고, 당신에게로 이끄는 아버지의 힘을 보여 준다.

인간의 말을 통해 사람들은 서로를 만나고 하느님의 말씀을 만난다. 요한은 "말씀"을 사용해 하느님의 상호인격이라는 속성interpersonal nature뿐만 아니라 하느님께서 인간을 만나기로 결정하셨고 그럴 수 있는 힘을 지니고 계신다고, 또한 인간들이 서로 만나도록 도우신다고 말한다. 하느님께서는 우리 한 사람 한 사람에게 말을 할 수 있는 힘과 명령을 주셔서 서로 친교를 나눌 수 있게, 또한 하느님의 말씀과 친교를 나눌 수 있게 하셨다.

태초에 말씀이 계셨다.

이 구절은 또한, 하느님의 아들이 영원부터 대화를 하신다는 사실을 보여 준다. 그분은 "태초"에, 시작이 일어날 때 "계셨다". 즉 우주가 시작되기 '전'에, 무언가 시간 안에서 실존하기 전에 계셨다. 하느님의 아들은 시간이 있기 전에 계셨다. 영원에 계셨다. 그렇지 않다면 만물이 그분을 통해 창조되지 않았을 것이다.

순수하고 단순한 의미에서 그분에게는 시작이 없다. 그분은 시작이 없는 '아버지'에게서 나셨기 때문이다. '아버지'께서 시간이 있기 전에 계셨듯, 하느님의 아들, 말씀 역시 시간 이전에 계셨다. 한 분은 나지 않으셨고, 다른 분은 태어나셨기 때문에 아들은 나지 않으신 분을 아버지로 모시지만, 나지 않으신 분이 아버지가 아니셨던 '때'가 없기 때문에 아들이 없던 '때'도 없다. 영원하신 하느님 아버지에게서 태어나셨기에 의식이 없는 존재들의 기원일 뿐 아니라 의식이 있는 존재들, 즉 어떠한 제약도 받지 않는 무한과 연결될 수 있는, 당신과 동등해질 수 있는 주체의 기원이다. 말씀은 그 자체로 영원에서 이루어지는 친교이자 영원에서 나오는 사랑, 기쁨과 생명으로 가득 찬 사랑이다.

'말씀'을 위격들의 만남, 말씀과 아버지의 영원한 친교로 보는 생각은 소통, 담화를 뜻하는 루마니아어 '쿠반트'cuvant에도 깃들어 있다. '쿠반트'는 누군가의 생각을 뜻할 뿐 아니라 두 번째 인격(혹은 그보다 많은 인격)이 "장소에 도달하는 것"('콘벤투스'conventus)을 뜻하기도 한다. 세계는 성부와 성자가 나누는 사랑, 자유 가운데 이루어지는 친교가 어떤 "장소에 도달"함으로써 창조되었다. 여기서 범신론의 설명은 설자리를 잃는다. 하느님 말씀의 자유는 인간이 그 말씀으로 창조된 피조물이라 할지라도 말씀의 뜻에 긍정적으로 반응하지 않을 수 있음을 보여 준다. 인간은 반드시 '선'을 위해서가 아니라 자신이 원하는 대로, 자유롭게 '말'할 수 있다. 하느님이 인간에게 말할 수 있는 능력을 주셨다는 사실은 그분이 인간의 자유를 존중하심을 알려준다. 선을 이루기 위해 자유 가운데 '말씀'으로 만물을 창조하셨듯, 그분은 인간에게 자유롭게 말할 수 있는 능력을 주셨다. 이 능력에 기대어 인간들은 사랑으로 상호 간에, 그리고 하느님과 연합할 수 있고, 그 반대로 하느님의 바람을 거스를 수도 있다. 하지만 인간이 자신의 형제와 하느님을 거스르는 말을 할 때조차, 그런 정신을 지니고 살 때조차 하느님은 인간과 자신을 말씀으로 연결하신다.

V

아들의 사랑

　　성부와 성자의 영원한 관계가 없다면, 의식이 있는 존재들
이 존재할 근거, 그들이 아들과 형제애를 나누는 복된 상태
로 부름받을 수 있는 근거는 없다. 성부와 성자의 영원한 관
계는 의식이 있는 존재들에게 영양을 공급한다. 인류 최고의
목적은 바로 성부와 성자의 관계에 온전히 참여하는 것이다.
영원부터 하느님은 '아버지'와 '아들'로 존재하며 성부와 성
자 사이의 관계를 형성한다. 그리고 이 관계가 이 세계를 지
탱하는 원리가 된다. 그리고 하느님께서는 이 세계에 성자가
성부를 사랑하듯 성부를 사랑하고, 성자를 형제처럼 사랑하
며, 서로를 형제로 사랑할 수 있는, 그렇게 살아갈 수 있는 존

재인 인간을 창조하셨다. 성자께서는 세계와 인간의 창조에 가장 긴밀하게 참여하셨고, 인간이 창조의 목적에서 멀어졌을 때 그분 자신이 인간이 되셨다. 하느님의 아들, 그리스도께서는 우리에게 자신을 우리의 본으로 제시하시고, 우리가 '아버지'와 서로를 사랑할 수 있도록 힘을 주신다. 이처럼 인간이 되신 하느님보다 더 좋은 본보기는 없으며, 우리 삶의 모범으로 삼을 수 있는 최고이자 영원한 존재는 없다.

교부들은 성부와 동일 본질인 성자가 없다면, 아버지께서 인간을 창조하실 때 독생자의 모습을 닮은 자녀로 창조하실 이유가 없으며 인간을 사랑하실 필요도 없으며 인간이 당신을 사랑하게 할 필요도 없다고 이야기한다. 성자가 성부를 향해 사랑하는 것처럼 하느님 아버지를 사랑할 수 있는 인간이 창조될 필요가 없다. 하지만, 그렇게 되면 하느님은 전능하지 않다. 인간과 분리된 신은 법칙의 불가역성에 종속되기 때문이다. 성부와 성자(그리고 성령)이신 하느님이 계시지 않다면, 이 세상에는 범신론자들이 상상하는 신 외에는 그 무엇도 존재하지 않을 것이다. 성부와 성자, 성령 하느님이 없다면 만물은 끝없고, 무의미하고, 맹목적인 자연법칙을 따라 진화했을 것이다. 인류가 하느님의 사랑에 대한 보답으로 그분을 사랑하고, 이웃 사랑을 거부했을 때, 성부는 성자를 인간으로 만드셨다. 성자는 성부에게 순종했다. 그분은 인간이 되어서서 인간이 하느님을 사랑하는 것이 무엇인지 보여 주셨고, 그렇게 할 수 있는 능력을 주셨다.

그러면 왜 인간은 하느님의 사랑에 응답하지 않고 서로 사랑하지 않을 수 있을까? 왜 그들은 사랑하지 않아 노예가 되어 죽고, 반대로 오직 하느님에게 태어나신 독생자는 완벽하게 하느님을 사랑할까? 인류의 비극적인 역사는 인간이 신성하지 못하며 무한한 존재가 아니라는 사실에 기인한다. 하느님은 이런 인류를 돕기 위해 육체를 입고 오셨다. 이 몸을 통해 인류는 서로를 도울 수 있게 되었다. 나아가, 자신의 몸을 성화할 수 있게 될 뿐 아니라, 온 우주를 거룩하게 할 수 있게 되었다. 한편, 인류는 자유로운 존재로 창조되었다. 독생자는 아버지의 무한한 존재를 지니고 계셨기 때문에 다시금 인류를 하느님과 닮은 존재로 고양시킬 수 있었다. 영원에서 성부를 사랑한 성자는 태초부터 구원이라는 선물을 품고 있었다.

하느님은 인간이 자유 의지를 사용해 하느님을 사랑하고 서로 사랑함으로써 당신의 사랑에 응답하라고 요청하셨다. 유한한 존재인 인간은 자유 의지를 통해 자신을 확장하려는 욕구를 지닌다. 그러나 인간은 자신의 삶만 확장하려는 유혹, 자신의 안위를 위해 싸워야 한다는 유혹에 빠져 하느님과 다른 이들을 등한시하게 되었다. 심지어 다른 이들과 싸워 이익을 독차지하려 한다. 인간은 하느님에 대한 사랑, 다른 이에 대한 사랑에 가치를 두지 않았고, 서로 협력해야만 확장이 이루어짐을 알려주는 이성을 버렸다. 협력은 만물의 창조주이시며 사랑 가운데 일치를 요구하시는 하느님에 대한 신앙으로 이루어진다. 본래 인간의 이성은 하느님의 이성(말씀)과 연합했다. 그러나 인간은 이 이성을 자기중심적이고 개인주의적인 사변으로 대체했고, 그 결과 모든 사람의 내면에서는 싸움이 반복된다.

고백자 막시무스는 「침실 시종 요한에게 보낸 편지」Epistula ad Iohannem Cubicularium에서 이와 같은 생각을 발전시켰다. 그는 인간이 어떻게 삼위일체 하느님처럼 사랑으로 서로를 향해 나아가고 다른 이를 자신과 동등하게 여기는 대신 증오를 선택하는지에 대해 설명했다. 인류는 서로 미워하고 싸움을 증폭하는 길을 선택했다. 그들은 인간의 본성이라는 틀 안에서 서로 갈라지고 찢어지기를 반복한다. 하느님에 대한 신앙이 없다면, 인간은 무한을 추구하려는 유혹을 이기지 못한다. 승리는 오직 사랑을 통해 그분과 우리 사이에 일치를 가져올 수 있는 유일한 분을 의지할 때 가능하다. 우리는 하느님과 연합해야만 다른 인간과 본성에 부합하는 연합을 이룰 수 있다. 인간성에 부합하는 상태는 사람들과 연합할 때만 가능하며 이 연합은 호혜적인 사랑, 하느님과의 연합을 통해 이루어진다. 하느님의 아들은 인간으로 오셔서 우리에게 확신을 주셨고, (자신, 이웃, 하느님과의) 싸움에 휘말리게 하는 자기중심주의, 자기중심주의에 뿌리내린 이성을 정복할 수 있는 은총(그분의 힘)을 주셨다. 그분은 우리가 이성을 사용하여 참된 본성을 따라 행동하도록 우리를 설득하신다. 우리는 공통된 인간성을 가지고 있듯, 우리는 공통된 이성과 의지를 가질 수 있다. 은총의 법칙을 통해 회복된 본성에 새겨진 법칙을 따라 삶을 살아가기로 선택하면 하느님과 우리는 연합할 것이다. 그러나 그 길을 거부하면, 설령 지혜롭고 올바른 생각을 한다 할지라도 하느님과 연합할 수 없을 것이다.

태초 이래 간사한 마귀는 자기애로 인류를 공격하고, 쾌락으로 인류를 속였습니다. 그는 하느님과 서로를 향하는 우리의 성향에서 우리를 분리시키고, 정직에서 멀어지게 했습니다. 그는 인간의 본성을 나누어 수많은 의견과 상상이 있게 했습니다. 마귀는 인간이 온갖 범죄를 저지를 수 있는 수단을 마련해 놓고, 우리가 모든 힘을 바쳐 시간 안에서 수립

된 법(화해할 수 없는 성향)을 따르게 함으로써 악이 지속되게
했습니다. 그렇게, 마귀는 인류가 자신의 참된 본성을 따르
는 움직임에서 벗어나게 함으로써 인간이 자신에게 허용된
것을 열망하기보다 자신에게 금지된 것을 열망하게 했습니
다. ... 하느님을 향한 관심에서 멀어질 때 인간에게는 자기
애가 피어납니다. 그리고 여기서 형제에 대한 폭력이 나옵
니다. ... 이성은 하느님을 무시하는 대신, 오직 하느님을 추
구하도록 움직여야 합니다. ... 이 움직임 가운데, 이 움직임
을 통해 드러난 신성하고 복된 사랑은 하느님을 포용하고,
성부 하느님을 사랑하는 성자 하느님을 드러냅니다.[1]

자기애에 뿌리내린 이성과 달리 사랑은 "분리된 것들을 하
나로 모으고, 하느님께서 부여하신 삶의 의미와 방식에 따
라 인간 존재를 빚어낸다. 사랑은 모든 차이를 평등하게, 그
러면서도 그 차이가 선하게 쓰임받을 수 있도록 함으로써 각
사람이 자기보다 타자에게 끌리고, 자기보다 타자를 더 존중
하며, 스스로 높아지고자 하는 욕망의 장애물을 걷어내도록"
한다.[2] 그리하여 "한 사람은 온전한 자신이 되면서도, 이웃들

---

[1] Maximus the Confessor, *To John the Cubicularius*.
[2] 위의 책.

과 온 세계 안에, 그리고 하느님 안에" 있게 된다.[3] 결국 인간은 하느님을 향해 이끌린다.

> 인간은 나누고 나뉘는 성향을 포기하고 더는 자신과 다른 인간을 구별하지 않고 모든 것을 하나로 알고 하나를 모든 것으로 압니다. … 완전하고 단일한 이성(말씀)을 바라보면서, 우리는 선명하게 드러나는 하느님을 이해할 수 있습니다. 하느님이 자신을 아는 것처럼 피조물이 하느님을 알 수 없기에, 이 이성을 통해 하느님은 선으로 나타나서서 피조물을 자신의 것으로 만드십니다.[4]

그리스도를 통해 우리는 자기 자신을 소중히 여기듯 타자를 소중히 여기는 삼위일체의 삶에 참여한다. 성부는 성자, 성령과 거리를 두지 않으시고, 성자, 성령은 성부와 자신을 분리하려 하지 않는다. 오히려 각 위격은 다른 위격에서 자신을 보고 자신의 선보다 상대의 선에 집중한다. 이것이 바로 사랑이다. 사랑은 한 사람을 다른 사람과 혼동하지 않으면서 그와 연합하는 것이다. 내가 누군가를 진실로 사랑하면, 그

---

3 위의 책.
4 위의 책.

리고 상대 역시 나를 사랑하면 '나'는 나보다 상대를 더 소중히 여긴다. 그리고 '우리'는 서로의 차이만 강조하지 않고, 우리를 갈라놓으려는 것에 관심을 기울이지 않는다. 그리고 우리가 같은 삶을 지향한다는 사실을 발견하는 데서 가장 큰 기쁨을 느낀다. 말씀, 혹은 참된 이성은 이렇게 '우리'를 하나로 묶어 주며, 그 안에서 우리는 삶을 온전히 향유하며 살아간다. 말씀, 즉 하느님의 아들은 몸소 인간이 되시고, 인간으로 사심으로써 우리가 따라야 할 길을 보여 주시고, 실현하셨으며, 여전히 우리가 그렇게 할 수 있도록 힘을 주신다.

우리가 하느님에게서, 그리고 서로에게서 분리되었을 때 하느님께서는 인간의 몸을 입으시고 우리들의 정념들을 짊어지셨다. 그러나 그분은 그 정념들로 쾌락을 추구하지 않으시되 고난으로 인한 정념들을 받아들이셨으며 이를 극복하셨다. 또한, 그리스도께서는 우리의 자유 의지를 통해 우리를 억압하는 죽음마저 자기 아래 두시고 정복하셨다. 그 결과 우리도 신앙으로 그리스도와 연합하면, 달리 말해 쾌락을 추구하는 정념들과 그로 인한 죄책감에서 벗어나면 죽음을 이길 수 있게 되었다. 우리는 우리를 위해 십자가에서 죽기까지 고난당하신 하느님의 아들, 인간이 되신 하느님의 사랑을 볼 수 있다. 그분은 사랑을 통해 활동하시는 하느님의 힘을 보여 주셨기에 최고의 형제다. 자기만을 위하려 하는 정념들을 버리고, 자기 중심성으로 인한 죄에서 발생하는 고난을 받아들인다면 우리 역시 하느님의 사랑에 동참할 수 있고, 그분의 사랑을 드러낼 수 있다.

우리는 그리스도에게서 어떻게 하느님이 사랑으로 인류와 연합하심으로써 죽음을 극복하셨는지를 본다. 그분은 자신의 전능함을 임의로 사용해 죽음을 물리치지 않으셨다. 하느님께서는 우리가 당신의 사랑으로 말미암아 당신의 힘을 받아들이게 하셔서, 당신의 사랑을 통해 죽음을 이길 수 있게 하셨다. 사랑은 하느님의 힘과 연합하고 있기에 죽음을 이긴다. 전능하신 하느님은 사랑으로 물질세계를 창조하셨다. 그리고 물질로 이루어진 존재를 사용하셔서 사랑으로 물질세계 전체를 다시 살리신다. 몸을 입은 하느님의 아들은 몸을 입은 다른 존재들과 대화하기를 원하신다. 그리스도께서는 몸을 취하심으로써 영원한 생명을 머금은 몸으로 인류에게 말씀을 전하셨다. 그분은 자신을 통해 다른 이들도 부활하도록 자신이 입은 몸을 부활시키셨다. 이러한 사건이 일어나기 위해서는 인류에게 영원한 생명을 주려 하시는 창조주의 사랑에 대한 인간의 응답이 필요하다. 하느님은 자신의 몸을 통해 인간들이 자신의 사랑을 받고 자신의 전능함으로 그들이 부활할 수 있게 되기를 바라셨다. 하느님이 전능하시다고 해서 인간을 부활시킬 이유는 없다. 사랑을 통해서만, 사랑의 대화를 통해서만 인류는 변화할 수 있으며, 부활할 수 있다. 하느님의 사랑이 하느님의 전능을 움직인다. 좀 더 나아가, 그분의 전능은 그분의 사랑 안에 들어있다고 말할 수도 있다. 하느님과 관련해서는 둘 중 하나를 빼고 다른 하나만을 생각할 수 없다. 그분의 사랑은 우리를 위한 그리스도의 고난으로 드러난다. 그리스도께서는 우리가 하느님을 위해 고난을 받음으로써 자기만을 위한 쾌락을 억제하고 고통을 견딜 수 있게 도우신다.

사랑이 있는 곳에는 악이 미치는 영향, 즉 우리의 삶을 궁핍하게 만드는 영향을 제압하는 힘이 있다. 사랑이 없는 곳에는 무력함, 빈곤한 삶, 영적인 죽음이 있다. 하느님 안에서 사랑은 힘을 얻고 전능함과 연합한다. 이 연합을 통해 삶은 완전한 생명을 얻으며, 여기에는 어떠한 부족함도 없다. 그러나 홀로는 사랑할 수 없다. 사랑은 '나'와 타자들과의 친교이며 '나'가 타자를 향할 때만 사랑의 힘이 드러난다. 또한, 사랑은 필연성과 관련된 모든 법칙을 넘어선다. 마찬가지로 사랑의 하느님은 가장 커다란 자유 가운데 사시는 완전한 선이시기에 법칙에 종속되지 않으신다. 그분은 인간을 유한한 존재로 창조하시고 동료 인간과의 친교를 통해, 당신과의 친교를 통해 고양되도록 부르신다. 인류를 위해 하느님은 그렇게 나아갈 수 있는 길을 인간 본성에, 십계명, 자연에 새기셨다. 그래서 인간은 선의 법칙을 성취하기 위해 하느님이 주신 계명 외에도 자연과 본성의 법칙을 따라야 했다. 그러나 인간은 하느님에게 귀 기울이지 않았고 그분이 주신 계명들에 순종하지 않았다. 결국 계명들은 고통과 죽음을 가져오는 법이 되었다. 저 법에서 벗어나기 위해 인류는 자신의 욕망을 따랐고, 그 욕망도 인간을 억압하는 법이 되었다.

하느님의 아들은 인간의 몸을 취하셔서 선의 법칙을 따라 자연과 본성이라는 법의 지배를 극복하셨고, 선의 법칙에 따라 저 법들을 견딜 수 있도록 이끄신다. 무고함과 인내, 인간을 향한 사랑의 위대한 힘으로 그분은 저 법들을 감내하셨고 이윽고 자신의 몸을 저 법들 위에 들어 올리셨다. 사람들도 신앙을 통해 그리스도와 연합하면 지상을 살아가는 동안에도 저 법들을 이길 수 있다. 그러나 이 법들을 완전히 극복하는 건 부활할 때일 것이다. 그때, 영원에 잇닿은 하느님께서는 모든 법을 넘어서 그들을 일으켜 세우실 것이다. 그들은 그리스도께서 그들을 위해 예비하신 나라, 즉 그리스도의 교회를 통해 그침 없이 나아갈 것이다. 이 나라의 왕이신 그리스도께서 그들을 도울 것이다. 자유롭고 완전한 나라를 준비하는 과정에서 그들은 성령의 도움을 받는다. 그러므로 저 완전한 나라는 우리 안에 계신 우리 아버지이신 성부, 우리 형제인 성자, 그리고 성령이 통치할 것이다. 우리가 저 삼위일체 하느님 안에 있기에 우리도 저 나라를 통치할 것이다.

그리스도의 모든 가르침과 활동은 사람들을 하느님 나라로 인도하는 데 그 목적이 있다. 마태오는 복음서에서 그리스도의 선포가 어떻게 시작되었는지를 기록한다.

> 그 때부터 예수께서는 "회개하여라. 하늘 나라가 가까이 왔다"하고 선포하기 시작하셨다. (마태 4:17)

> 예수께서 온 갈릴리를 두루 다니시면서, 그들의 회당에서 가르치며, 하늘 나라의 복음을 선포하셨다. (마태 4:23)

그리스도께서는 우리에게 하느님을 아버지라 부르며 "당신의 나라를 오게" 해달라 기도하라고 가르치셨다. 산에서 설교하실 때는 심령이 가난한 자와 의를 위하여 박해받는 자에게 하늘 나라가 그들의 것이라고 약속하셨으며 "너희는 먼저 하느님의 나라와 하느님의 의를 구하여라. 그리하면 이 모든 것을 너희에게 더하여 주실 것이다"(마태 6:33)라고도 말씀하셔서 천국을 위해 어떻게 준비해야 하는지를 보여 주셨다. 그리고 인류에게 사랑에 관한 모든 계명을 주시고 이렇게 말씀하셨다.

> 누구든지 이 계명 가운데 아주 작은 것 하나라도 어기고 사람들을 그렇게 가르치는 사람은, 하늘 나라에서 아주 작은 사람으로 일컬어질 것이요, 또 누구든지 계명을 행하며 가르치는 사람은, 하늘 나라에서 큰 사람이라고 일컬어질 것이다. (마태 5:19)

주님께서 우리에게 지키라고 명하신 계명은 사랑과 자비의 계명이다. 누군가 오른쪽 뺨을 치면, 왼쪽 뺨마저 돌려대라는 용서의 계명이기도 하다. 하늘나라의 지배권을 지닌 이는 교만한 이가 아니라 겸손한 이다.

> 내가 진정으로 너희에게 말한다. 너희가 돌이켜서 어린이들과 같이 되지 않으면, 절대로 하늘 나라에 들어가지 못할 것이다. (마태 18:3)

이 나라의 일원이 되려면 인간이 되기까지 자신을 낮추신 하느님의 아들과 함께 "하늘에 계신 우리 아버지"의 자녀가 되어야 한다. "하늘에 계신 아버지의 자녀"는 자신을 박해하는 사람을 위해 기도하고 원수를 사랑한다(마태 5:44~45 참조).

삼위일체 하느님이 이 나라를 통치하신다면, 인간은 이 나라와 연합하고, 그 힘에 기대어 다른 이들과 공동체로 살아야 한다. 누구든지 자기를 낮추고 어린이처럼 되는 이는 천국에 들어갈 것이다(마태 18:4 참조). 인간의 힘만으로는 성취하기 어려운, 부담스러운 법에서 탈출한 이들은 사랑으로 모든 사람을 다스리는 이가 된다. 한편, 하늘 아버지의 뜻을 행하는 사람은 "악한 사람에게나 선한 사람에게나 똑같이 해를 떠오르게 하시고, 의로운 사람에게나 불의한 사람에게나 똑같이 비를 내려 주시는"(마태 5:45) 아버지에게 순종하며, 예수께서 내리신 명령을 이행하며 사랑을 실천한다.

그리스도께서 승천하셨기에, 이제 사람들은 오직 성령을 통해 모든 법과 법칙을 넘어서는 이 사랑에 들어갈 준비를 할 수 있다. 이 같은 맥락에서 주님께서는 니고데모에게 말씀하셨다.

내가 진정으로 진정으로 너에게 말한다. 누구든지 물과 성

령으로 나지 아니하면, 하느님 나라에 들어갈 수 없다. (요한 3:5)

성자께서는 인간으로서, 성령을 통해 인류가 죄로 인해 갖게 된 약함을 감내하셨고, 죄의 마지막 공격인 죽음마저 극복하셨다. 이제는 성령께서 어떻게 우리가 이러한 약함을 정복하도록 도와 주시는지, 죄가 우리에게 가져온 법과 법칙을 물리치고 부활하도록 도와 주시는지를 살펴볼 것이다. 먼저 우리는 자신의 자유 의지로 이러한 약함을 취하고 짊어지신 그리스도께서 어떻게 승리하셨는지 살펴볼 것이다. 그분은 인간의 약함과 인간의 고통을 감내하시면서도 그 사이 사이에 권능의 활동을 펼치셨다. 때로는 신비롭게도 이들을 결합하기까지 하셨다. 유한자와 무한자는 관계를 맺고 있기에 유한자는 자신 안에 무한자를 포함하며 확장될 수 있다. 예수 그리스도 안에서 하느님은 인간을 신화하시고, 예수 그리스도를 통해 인간은 하느님의 신적인 면모를 손상시키지 않으면서 이를 인간화한다.

이러한 맥락에서 나지안주스의 그레고리우스는 그리스도 안에서 신성과 인성이 어떻게 결합하는지 설명한 바 있다.

인간이신 그분은 불완전합니다. 그분은 본래 그분이셨던 것은 남기시고, 그분이 아니셨던 것을 취하셨습니다. 태초에 그분이 '있는' 데는 '이유'가 없습니다. 하느님의 존재를 무엇으로 설명할 수 있겠습니까? 그러나 그분은 여러분, 여러분의 구원을 위해, 그분을 모욕하고 그분의 신성을 경멸하는 여러분을 구원하기 위해 딱딱한 육체를 취하셨습니다. 정신을 매개 삼아 그분은 육체를 다루셨고, 그리하여 인간이, 이 땅에서 하느님이 되셨습니다. 인간과 하느님이 결합했습니다. .... 그분은 우리도 당신처럼 되게 하시기 위해 우리 같은 인간이 되셨습니다. 그분은 여자에게서 "태어나셨"(마태 1:16)지만, 이미 태어나신 분이었습니다(시편 2:7, 사도 13:33, 히브 1:5, 5:5). 여자는 처녀였습니다(루가 1:34~35, 마태 1:20). 여자에게서 태어나셨다는 사실은 그분이 인간이심을 보여 주고, 처녀에게서 태어나셨다는 사실은 그분이 하느님임을 보여 줍니다. 이 땅에서 그분에게는 아버지가 없고(마태 1:2), 하늘에서는 어머니가 없습니다(시편 2:7). 이 모든 사실이 그분의 신성을 드러냅니다. 그분은 자궁에서 태어나셨지만(루가 1:31), 예언자는 그분이 태어나기도 전에 그분을 알아보고 자신을 위해 창조되신 말씀이 자신과 함께하심에 기쁨으로 응답했습니다(루가 1:41). 그분은 포대기에 싸여 있으셨지만(루가 2:7, 12, 요한 19:40), 부활하실 때 포대기를 푸셨습니다(요한 20:5~7). 구유에 누워 계셨지만(루가 2:7), 천사들의 찬미(루가 2:13~14)와 동방박사들의 경배를 받으셨고(마태 2:11), 별이 그분을 알렸습니다(마태 2:2). ... 그분은 이집트로 추방되셨지만(마태 2:13~14), 이집트의 우상들을 추방하셨습니다. ... 인간으로서 세례를 받으셨지만(마태 3:16, 루가 3:21), 하느님으로서 죄를 사하셨습니다(마태 9:2, 요한 1:29). 사실 그분에게는 자신을 정화하는 의식이 필요하지 않았습니다. 그분은 물을 거룩하게 하기 위해 세례를 받으셨습니다. 주님께서는 인간으로서 시험을 받으셨지만(마태 4:1, 루가 4:2), 하느님으로서 승리하셨습니다(마태 4:11). 굶주리셨지만(마태 4:2, 루가 4:2), 수천 명을 먹이셨습니다(마태 14:20~21). 진실로, 그분은 "살아 있는 하늘의 빵"(요한 6:51)이십니다.[5]

---

5   Gregory of Nazianzus, *Oration* 29.

VI
성육신

　말씀과 독생자(요한 1:3)를 통해 만물을 창조하신 하느님께서는 당신의 사랑을 다른 자녀들에게도 베풀 수 있도록 아들의 형상을 따라 인류를 창조하셨다. 자녀들은 하느님과 동일 본질이 아니기에 '아들'은 아니다(그렇게 되면 독생자는 상대화되고, 하느님은 법칙에 종속되어 하느님과 세계의 구별이 무너진다). 그러나 모든 형태의 실존에 존재를 부여하기를 원하신 하느님은 인간이 영과 육으로 구성되도록 물질을 창조하시고 질서를 만드셨다. 그분은 피조물들이 그들의 사랑을 표현하고 이를 통해 연합할 수 있도록 물질(과 물질세계)을 창조하셨다. 그러므로 물질은 사랑을 표현하려는 인간의 의지와 영적 힘에

의지한다.

인류는 자신의 의지와 힘을 올바로 사용하지 못했기 때문에 성부와 성자가 맺고 있는 사랑의 관계에서 멀어졌다. 그래서 성자는 인간이 되셨다. 인간이신 그리스도는 우리처럼 영과 물질로 구성되어 있지만, 여전히 하느님으로 계셨다. 그분은 인류와 하느님 사이에 깨질 수 없는 연합을 이루기 위해, 자신의 형상대로 인간을 창조하신 아버지의 축복 아래 인간이 되셨다. 그분의 이러한 활동은 물질이 영을 통해 풍요로운 영적 활동을 드러낼 수 있는 집합체로 형성될 수 있음을 보여 준다. 하느님은 당신의 아들을 인간으로 만드실 때도 이와 같은 구성을 취하셨다. 달리 말하면, 성자께서는 영혼과 물질로 이루어진 몸을 취하셨고, 이를 통해 하느님으로서 자신을 보여 주실 수 있었다.

성자는 몸을 영원하고 신성한 생명을 머금을 수 있는 기관organ으로 만드셨고, 죄를 통해 저주받았던 몸과 영혼을 죽음으로부터 해방하셨다. 하느님께서는 물질을 창조하실 때 당신의 위격, 즉 삼위일체 그 자체를 온전히 담을 수 있게 하셨다. 이것이야말로 가장 경이로운 신비다. 인간이 자신의 정신을 활용해서 물질에 일정한 형태를 입힐 수 있다는 사실을 숙고해 보면 이를 더 잘 이해할 수 있다.

물질은 어떠한 형태도 갖추지 않은 채 남아 있도록, 혹은 단 하나의 형태만을 지니도록 창조되지 않았다. 나중에 살펴보겠지만, 오래된 교회의 기도문에는 성령이 빛을 발하는 별들로 이루어진 우주를 형성한다고 이야기한다. 시편은 자주 하느님께서 성령을 통해 조화로운 질서를 지닌 물질세계 전체를 창조하셨고, 지탱하고 계신다고 노래한다.

> 하늘은 하느님의 영광을 선포하고,
> 창공은 그분의 솜씨를 보여 준다네. (시편 19:1)

시편 136편은 경이로운 우주를 웅장하게 묘사한다.

> 주님께 감사하여라.
> 그는 선하시며 그 인자하심이 영원하다.
> 모든 신 가운데 가장 크신 하느님께 감사하여라.
> 그 인자하심이 영원하다.
> 모든 주 가운데 가장 크신 주님께 감사하여라.
> 그 인자하심이 영원하다.
> 홀로 큰 기적을 일으키신 분께 감사하여라.
> 그 인자하심이 영원하다.

지혜로 하늘을 만드신 분께 감사하여라.

그 인자하심이 영원하다.

물 위에 땅을 펴 놓으신 분께 감사하여라.

그 인자하심이 영원하다.

큰 빛들을 지으신 분께 감사하여라.

그 인자하심이 영원하다.

낮을 다스릴 해를 지으신 분께 감사하여라.

그 인자하심이 영원하다.

밤을 다스릴 달과 별을 지으신 분께 감사하여라.

그 인자하심이 영원하다. (시편 136:1~9)

창세기는 "하느님의 영이 물 위에 움직이고 계셨다"(창세 1:2)
고 기록한다. 성령과 하나인 말씀을 통해 하느님께서는 하
늘의 것들이 땅의 것들을 활용할 수 있도록 온 우주를 조직
하셨다.

물질도 특정한 힘을 지니고 있으며, 이 힘은 인간의 영을
향한 하느님의 목적에 따라 우주를 조화롭게 하는 데 기여한
다. 이 같은 맥락에서 사도 바울은 우주에서 하느님의 이성
을 볼 수 있으며, 하느님께서 세계를 창조하시고 질서를 부
여하실 때 이를 사용하셨다고 말한다.

이 세상 창조 때로부터, 하느님의 보이지 않는 속성, 곧 그분의 영원하신 능력과 신성은, 사람이 그 지으신 만물을 보고서 깨닫게 되어 있습니다. 그러므로 사람들은 핑계를 댈 수가 없습니다. (로마 1:20)

수천 년 전 성경은(혹은 성경의 저자들은) 우주에 하느님의 지혜가 새겨져 있음을 알고 있었다. 그러나 과학은 물질에서 그러한 지혜를 발견하지 못한다. 그리스인들은 물질이 동일한 원자로 이루어진 균일한 덩어리라고 믿었다. 최근 현대 화학은 원자의 수가 다양하며, 에너지가 원자를 결합해 다양한 분자를 형성한다는 사실을 발견했다. 현대 물리학은 운동, 전기, 열, 원자력 등 물질에 담긴 다양한 힘을 발견했다. 구세주께서는 하느님께서 섬세한 손길로 꽃과 식물을 풍요롭게 빚어내심을 보았다. 균일한 형태의 원자들에서 어떻게 이러한 것들이 만들어질 수 있을까?

들의 백합화가 어떻게 자라는가 살펴보아라. 수고도 하지 않고, 길쌈도 하지 않는다. 그러나 내가 너희에게 말한다. 온갖 영화로 차려입은 솔로몬도 이 꽃 하나처럼 잘 배열되지는 못하였다. (마태 6:28~29)

현대 천문학은 광대한 행성계에 수많은 천체가 서로를 끌어당기며 다른 천체 주위를 움직이는 동시에 서로 구별되는 천체로 남아 있다는 사실을 발견했다. 뉴턴Isaac Newton은 만유인력 법칙을 통해 바로 이를 발견했다. 그리고 막스 플랑크Max Planck는 양자 이론을 통해 물질 질서가 한계가 있음을 확립했다. 몸의 기관이 분자들로 이루어져 있다는 사실 또한 경이로운 현상이다. 심장, 폐, 위장, 감각 기관들은 모두 하나의 몸을 이루고 있으며, 모두 인간의 목적에 부합한다. 이들 각각을 통해 자기를 의식할 수 있는 통일성이 인간에게 있다. 물질이 왜 그토록 다양한 방식으로 조직될 수 있는지, 인간의 영혼은 왜 그토록 수많은 것을 상상하고, 의도하고, 감지하는지를 과연 누가 설명하겠는가? 그리스도교는 하느님이 현존하시기에 인간의 영혼과 물질 사이의 이 경이로운 관계가 성립될 수 있으며, 그분의 손길이 닿아야 정신과 몸의 조직이 긴밀하게 연결될 수 있다고 가르친다. 그리고 이모든 관계를 인간이 이해할 수 있다는 사실, 그러한 힘을 지니고 있다는 점 또한 경이롭다. 어떤 면에서 인간은 바로 이를 위해 이성을 지녔고, 그에 걸맞은 눈을 지녔고, 언어 능력을 지녔고, 언어 기관을 지녔다. 인간은 이들을 활용해 자신의 뜻을 표현할 수 있다. 그렇다면, 하느님의 아들이 자신의 형상대로 인간을 창조하고, 직접적인 방식으로 물질을 조직하며, 나아가 몸을 입은 존재가 될 수 있다는 점은 그리 놀랍지 않다. 풍요롭고 조화로운 하느님의 말씀, 즉 이성을 지닌 로고스가 아니라면 영혼이 몸을 통해 그토록 복잡하고 상호 연관된 물질을 조직할 수 있는 능력이 어디서 나오겠는가? 이 모든 일이 아무런 목적도, 목표도 없이 그저 우연히 일어났다는 것인가? 이 우주에 의식이 있는 영혼이 있다는 사실, 심장, 폐, 위, 간이 하나의 몸으로 통합되어 그 영혼의 생명을 지탱한다는 사실은 무엇을 의미하는가? 온 세상의 현실을 상상하고 조직해 그 중심에 자신을 의식하는 인간은 그 자체로, 인간이 만물 위에 계신 창조주와 관계를 맺기를 갈망함을, 그러한 길로 창조주께서 인간을 인도하신다는 사실을 보여 주지 않는가?

몸이 타격을 입거나 상처를 입을 때 영혼 역시 고통(혹은 쾌감)을 느끼거나, 연인이 서로의 몸을 매만질 때, 맛 좋은 음식을 먹을 때, 몸이 휴식을 취할 때 영혼 역시 쾌감을 느낀다는 사실에서도 위대하고 경이로운 신비를 발견할 수 있다. 육신, 물질의 몸을 취하신 하느님의 아들께서도 고통과 아픔을 느끼셨다. 이는 십자가에 매달리셨을 때, 못이 박혔을 때 절정에 달했다. 그리스도께서 고통받으실 때 그분의 고유한 위격은 이에 전혀 아랑곳하지 않았다는 견해는 사실이 아니다. 그분은 진실로 고통받으셨고, 부활의 몸 안에서 투명한 기쁨을 느끼시며 물질로 이루어진 몸을 죽음에서 일으키셨다. 하느님의 선은 자비를 포함하며 자비는 감정 없이 존재하지 않는다. 자식이 고통받을 때 어머니의 영혼이 고통스러워하듯 하느님도 인간을 위해 고통을 감내하신다. 그분의 아들은 "세상의 죄를 없애시는 하느님의 어린양"(요한 1:29)으로서 인류를 죄에서 해방하기 위해, 인류를 대신해 자신을 희생하셨다. 이때 그분은 자신의 고통을 '아버지'께서 묵과하지 않으실 것이라고 확신했다.

물론, 성자는 자신을 물질로 이루어진 몸에 넘기지 않으셨고, 어떤 충동에 이끌려 인간의 행위와 하느님의 활동을 뒤섞지 않으셨다. 그리고 그분은 하느님의 뜻에 순종하기 위해 물질로 이루어진 몸으로 기적을 행하셨다. 인간의 몸으로도 그분은 하느님의 목적을 온전히, 경이로운 방식으로 이루실 수 있었다. 그분이 자신을 물질로 이루어진 인간으로 창조하셨기에 모든 물질 또한 그분의 신성한 인격을 담아낼 수 있고 드러낼 수 있다. 또한, 이러한 성자가 하늘 아버지의 독생자라는 사실은 은총을 통해 인류도 하늘 아버지의 자녀들이 될 수 있음을, 성자가 그렇게 인류를 일으키셨음을 보여 준다. 하느님이 삼위가 아니라면, 즉 성부, 성자, 성령이 하나를 이루지 않는다면 이 일을 하실 수 없을 것이다. 하느님이 삼위일체로 활동하시기에 인간은 자신의 본성이라는 감옥에서 해방될 수 있다. 그렇지 않다면 만물은 이 세상의 본질로 환원되어 설명할 수 없는 기원에서 나온 법칙에 종속될 것이다.

물질로 이루어진 몸은 순수한 영이신 성령을 누리는 기쁨보다 쾌락을 우선시하도록 우리를 유혹할 수 있다. 인간의 영과 하느님의 유대가 강해질 때만 몸은 순수한 영적 기쁨을 누릴 수 있는 도구가 된다. 하느님의 아들은 바로 이를 이루셨다. 하느님의 영이 인간의 영과 그분의 관계를 강화했기 때문이다. 인간이 하느님의 사랑에서 멀어졌다는, 타락했다는 사실 때문에 하느님께서 그런 타락 앞에 무력하시다는 생각을 해서는 안 된다. 인간이 타락한 이유는 유한한 인간이 무한을 제한했기에, 자신이 스스로, 그리고 세계의 새로운 한계를 설정할 수 있다고 믿었기 때문이다. 인간은 물질을 영에 종속시키려 했지만, 인간의 영은 약하고, 충분한 효력을 발휘하지 못하기에 물질로 이루어진 몸이 죽음으로 끝나는 결과를 낳았다. 하느님의 아들은 바로 이 몸을 취하심으로써 인간이 겪은 몸의 고통을 겪으셨지만, 하느님과 자신을 분리하지 않음으로써 고통, 심지어는 죽음까지도 성령의 권능을 보여 주는 것으로 만드셨다. 바로 그렇게 그분은 죽은 자 가운데서 부활하셨다. 그분은 자신의 어깨에 우리의 죄를 짊어지시고, 우리를 위해 죽기까지 고난을 받으셨으며, 이로써 물질의 쇠락화, 즉 죽음을 정복하셨다. 무한을 향한 인간의 갈증은 하느님께서 존재의 모든 형태(여기에는 영과 물질로 이루어진 존재 역시 포함된다)를 자신의 영적 실존으로 끌어들임으로써 채워진다. 하느님은 자신의 피조물인 영혼이 그분을 향한 사랑과 아름다움을 보기를 원하신다. 이 사랑은 아름답다. 영혼 안에서 활동하는 하느님의 힘이 물질을 통해 표현되기에 아름답다.

말씀이신 성자의 특성은 어떻게 인간이 성육신을 통해 고양되는지 알도록 돕는다. 요한 복음서에 있는 "태초에 말씀이 계셨다"(요한 1:1)는 표현은 단지 하느님의 아들이 시작이 없으시고 아버지와 같은 위격이라는 뜻이 아니다. 이는 그분이 시작이 있는 모든 것 이전에 계셨고, 시작이 있는 모든 것이 그분을 통해 실존하게 되었으며, 그분의 말씀과 이성을 따라 직조되었음을 의미한다. 그렇기에 만물은 그들의 이성이 그분 안에 있는 한 조화를 이룬다. 아버지의 말씀이신 아들이 영원의 차원에서 아버지께서 베푸시는 사랑에 반응하고 참여하듯, 아들의 형상을 따라, 말씀으로 창조된 인간도 마찬가지다. 그러므로 성부와 인간의 유대가 약해졌을 때, '아버지'와 완전히 결합한 성자는 인간이 되어 자신이 '아버지'와 맺은 유대를 인류와 나누셨다.

영원의 차원에서, 성부와 완전한 유대를 맺은 성자는 자신에게 속한 인간에게도 그 유대를 새기신다. 그리하여, 이 유대는 그분을 하느님의 아들로 믿는 모든 이를 포함하도록 확장된다. 이렇게 인류는 삼위일체가 나누는 사랑의 관계에 참여한다.

성자가 성부를 사랑하고, 성부의 사랑에 응답함으로써 연합하듯이 성자는 인간들도 그 호혜적 관계에 참여할 수 있게 하셨으며, 그 관계로 인간들을 초청하신다. 그렇기에 그분의 사랑 안에서, 그 초청을 받는 가운데 각 사람은 상대를 향한 자신의 사랑을 선언하고 상대의 응답을 요청한다. 이러한 친교의 바탕에는 성육신하신 성자의 성부를 향한 사랑이 있다. 사랑의 주고받음은 상호 관계없이는 존재할 수 없다. 그리고 이러한 내어줌과 응답의 기원은 삼위일체 하느님이다. 삼위일체는 가장 높은 차원의 사랑의 선언이자 표현이다. 이 선언은 성부와 성자가 빚어내는 사랑의 화음이다.

VII

셋은 완전하다

가장 높은 형태의 사랑은 유일하신 '아버지'와 유일하신 '아들' 사이의 끝없는 사랑으로 우리에게 드러난다. 이 사랑은 영원부터 존재하던 완전함으로 나타난다. 그러나 영원에서 '아버지'와 '아들'이 나누는 사랑은 이 사랑으로 기쁨을 누리는 제3의 인격을 향한다. '나-너' 관계로 발견되는 두 위격 외에 또 다른 위격이 있다는 점은 두 위격 사이에서 이루어지는 사랑에 새롭고 풍성한 주석을 더함과 동시에 새로운 중요성을 입힌다.

물론, 누군가는 성부와 성자 둘 다 무한하기에, 이들의 사랑에 새로운 무언가를 더할 또 다른 위격이 필요하지 않다고 말할지도 모른다. 하지만 이렇게 보면 한 위격도 무한하기에 자신의 행복을 위해서는 그 무엇도 필요하지 않다. 무한한 성부의 사랑에 기쁨을 주기 위해 성자가 필요하다면, 이 둘의 사랑을 나누기 위한 또 다른 위격이 필요하지 않겠는가? 무한은 사랑을 가능케 하는 원료나 기쁨을 일으키지는 않는다. 한 의식이 다른 의식과 관계를 맺을 때만 기쁨이 일어난다. 하느님의 형상대로 창조된 인간을 살펴보더라도 '나와 너'를 넘어선 제삼자가 있을 때, '나와 너'의 사랑은 새롭고 유익한 방식으로 확장되며, 그 가운데 '우리'의 기쁨이 일어난다. '나'와 '너'가 나누는 사랑은, 심지어 그 자체로 무한하다 할지라도 다른 사람을 향해 그 사랑이 확장되기를 갈망한다. 두 사람이 사랑을 나누며 일어나는 기쁨은 제삼자의 기쁨과 결합하거나 사랑하는 둘 사이에 일어나는 기쁨이 제삼자의 기쁨이 될 때 더욱 커지며 모두를 위한 기쁨이 된다.

"주님께서 성령은 진리와 위로의 영이라고 말씀하셨을 때, 이는 삼위일체가 성령 안에서 완전함을 보여 준다"는 알렉산드리아의 아타나시우스의 말은 바로 이런 뜻을 지니고 있다.[1]

---

1   Athanasius of Alexandria, *Lettres à Sérapion sur la Divinité du Saint-Esprit*, Sources chrétiennes 15 (Paris: Éditions du Cerf, 1947), 129.

그리고 같은 맥락에서 그레고리오스 팔라마스Gregory Palamas*는 진리와 지혜(그리고 위로)라는 성령의 속성은 인류를 위한 성령의 선물, 성자의 활동을 이어 가는 활동일 뿐 아니라 "아버지께서 사랑하시는 아들이자 말씀도 사랑을 경험하고, 그 사랑을 아버지에게 돌리며 아버지에게서 나온 이 사랑을 자신이 갖고 있음과 동시에 아버지와 함께 내보낸다"고 말했다. "그분은 숨 쉬듯 자연스럽게 사랑을 갖고 계시기 때문이다."[2]

그레고리우스 팔라마스가 왜 성령을 충만한 사랑과 기쁨을 위해 반드시 필요한 분으로 보는지에 대해서는 이후에 좀 더 살펴보겠다. 이를 통해 우리는 두 위격은 사랑의 가능성을 소진하지 않으나, 세 번째 위격이 필요함을, 이 위격은 단

---

* 그레고리오스 팔라마스(1296~1359)는 정교회 성직자이자 신학자다. 콘스탄티노플 대학교에서 교육을 받은 뒤 21세 때 아토스산에 가 수도사가 되었으며 성서와 교부들의 저서들에 대한 연구에 몰두하다 영적 스승에게 관상 방법을 배웠다. 1325년 사제 서품을 받았으며, 이후 10명의 동료와 함께 마케도니아에서 은둔 수도 생활을 했다. 이후 1347년 오스만 제국과의 전쟁이 끝날 무렵 그는 교회의 전통을 유지, 보존하려는 사람들의 도움을 받아 데살로니카의 주교가 되었다. 이른바 '헤시카즘' 영성이 정교회 핵심 영성이 되는 데 기여했으며 신학과 영성, 교회와 기도, 관조와 활동의 통합을 이루어 낸 위대한 신학자로 평가받는다.

2 Gregory Palamas, *The One Hundred and Fifty Chapters*, chap. 36.

순한 연결 고리가 아니라 다른 두 위격과 연합함을 알게 될 것이다.

우리는 살면서 '나-너' 관계에 '그'가 추가로 있어야 한다는 사실을 깨닫는다. 그래서 우리의 언어에는 1인칭, 2인칭과 더불어 3인칭이 있다. '나-너' 관계를 맺고 있을 때도 '그'는 빠지지 않는다. 어떤 의미에서 '나'와 '너'는 서로를 더 사랑할수록 '그'에 대한 사랑을 더 많이 느낀다. 우리는 제삼자에게 사랑받고, '그'를 더 사랑할 필요성을 느끼며, '그'를 더 사랑할수록 서로를 더 사랑한다. 러시아 신학자 파벨 플로렌스키Pavel Florensky*는 숫자 3에 관한 진리를 이렇게 설명했다.

누군가는 이렇게 물을지 모릅니다. 왜 정확히 세 위격이 있어야만 하느냐고 말이지요. 그건 숫자 3이 진리 안에 있으

---

* 파벨 플로렌스키(1882~1937)는 러시아 정교회 사제이자 신학자, 철학자, 수학자, 물리학자다. 모스크바 대학교에서 철학과 수학을 공부했고 모스크바 신학 아카데미에서 신학을 공부했다. 1911년 사제 서품을 받았으나 러시아 혁명으로 인해 망명 생활을 하다 1919년 모스크바로 돌아왔다. 전기 기술자로도 탁월한 역량을 지녔기에 러시아 전역에 전기를 공급하겠다는 정책을 추진하고 있던 소비에트 정권 아래서 잠시 복무했으나 정교회 사제의 복장을 하고 머리카락과 수염을 자르지 않아 결국 1933년 10년의 강제노동형을 선고받았고, 1937년 비밀 재판에 회부되어 총살형으로 생을 마감했다. 신학뿐 아니라 러시아 미술, 물리학, 수학과 관련된 다양한 저술을 남겼다.

며, 진리와 분리될 수 없기 때문입니다. … 3이라는 통일성 안에서만 각 위격은 온전히 긍정받을 수 있으며, 그 자체로 확고해집니다. 이 '3'을 떠난 하나는 없으며, 진리의 주체도 없습니다.[3]

현실에 두 사람만 있다면, 무언가 빠진 것이 있다고 느낄 것이다. 하느님 역시 의식을 지닌 세 위격이 관계를 이루는 가운데 완전한 감사를 누리며 존재한다.

'나'는 아무리 무한할지라도 '너'에게만 사랑받기를 원하지 않고, '나'를 향한 '너'의 사랑에 '그'가 있기를 바라며, '너'도 '나'와 함께 '너'를 사랑하는 다른 인격이 있기를 바란다. 그리고 '그' 역시 '나'와 '너' 곧 '우리'가 '그'를 향한 사랑으로, '우리'를 향한 '그'의 사랑으로 하나가 되기를 원한다. '나'가 무한하고, 사랑한다고 해서 '나'는 만족하지 않는다. 그 사랑이 온전한 사랑이 아니라고 느끼기 때문이다. 궁극적으로 사랑은 다른 인격을 의식하는 것을 바탕으로 이루어진다. '그'가 '나'를 의식함으로써 내 안에 있는 '그'를 향한 사랑을 알듯, '나' 역시 '그'를 의식함으로써 그 안에 있는 '나'를 향한 사

---

3 Pavel Florensky, *The Pillar and Ground of the Truth: An Essay in Orthodox Theodicy in Twelve Letters* (Princeton, NJ: Princeton University Press, 1997), 37~38.

랑을 안다. 두 인격은 서로를 의식하는 가운데 사랑을 주고 받는다. 하느님의 경우, 각 위격의 무한성을 감안할 때 '나'가 기다리는 사랑을 완성하고 '우리'를 만족시키는 단 하나의 '그'가 있다.

그러나 세 번째 위격은 두 번째 위격과는 구별된다. '그'는 '아들'이 아니다. 성자가 성부의 사랑을 온전히 받기 위해서는 '그'가, 달리 말하면 성령이 있어야 한다. 성령은 아버지에게 자신의 실재를 받을 때도 성부가 사랑하는 성자, 성자가 사랑하는 성부를 보여 준다. 성령은 그런 방식으로 성부와 성자를 더욱 긴밀하게 일치시켜, 성부와 성자 모두에게 사랑받고, 성부와 성자가 서로 사랑하게 하며, 성부와 성자의 서로를 향한 사랑, 성부와 성자의 성령을 향한 사랑을 보여 준다. 성령은 성자가 성부의 사랑을 더 많이 받고, 성부 역시 성자의 사랑을 더 많이 받게 한다. 그러므로 성부는 성령 없이 성자를 사랑하지 않고, 성자 없이 성령을 사랑하지 않으신다. 성령 안에서 성부는 우리를 영적인 자녀로 사랑하시고, 성자는 우리를 영적인 형제로 사랑하신다.

성령은 자신의 사랑을 통해 성부와 성자의 연합을 강화하고, 성부와 성자는 성령에 대한 사랑을 통해 자신들의 연합을 강화한다. 성령을 통한 성부와 성자의 사랑을 넘어서는 사랑은 없다. 성령을 통해 성자를 볼 수 있고, 그 반대의 경우도 마찬가지다. 좀 더 중요한 측면에서는 우리 가운데 성자께서 성육신하신 뒤에도 마찬가지다. 이러한 맥락에서 나지안주스의 그레고리우스는 말했다.

하나됨에 삼위일체가 있고, 삼위일체에 하나됨이 있다.[4]

각 위격은 자신의 '나'가 아니라 다른 위격의 '나'를 발견하고 포용한다. 따라서 우리는 각 위격을 볼 때 세 위격 모두를 볼 수 있다. 바실리우스는 말했다.

때로는 성부께서 성자를 계시하고, 때로는 성자께서 성부를 계시한다. 때로는 성부께서, 때로는 성자께서, 때로는 성령께서 신성Godhead 전체를 계시한다.[5]

그러므로 성자께서 지상에 계시는 동안에는 성령이 그분을

---

4 Gregory of Nazianzus, *On the Holy Spirit, On God and Man: The Theological Poetry of St. Gregory of Nazianzus* (Crestwood, NY: St. Vladimir's Seminary Press, 2001), 45.

5 Basil of Caesarea, *Contra Eunomium*.

계시하셨고, 성자께서 승천하여 영광을 받으실 때는 성자께서 성령을 계시하셨다. 성자는 마치 감추어져 있던 것처럼 성령을 계시해 성자가 성령의 활동을 더 잘 느끼고 더 효율적으로 할 수 있게 하셨다.

> 삼위일체는 "넘치는 충만함에서 자극을 받는 '하나'monad, 그리하여 초월하는(즉 자신이 빚어내는 형태와 물질을 초월하는) '둘'dyad, 신성이 무한히 축소되거나 흐트러지지 않으면서, 동시에 단순히 둘이 합치는 것을 넘어서는 최초의 존재, 그러므로 완전한 '셋'triad"입니다.[6]

하느님의 세 위격은 하나를 이룸과 동시에 복수성을 지닌다. 즉 완전한 사랑이 두 가지 형태(위격들 사이의 관계들을 통해)로 표현되지만, 완전한 일치를 이룬다. 성령은 언제나 성부와 성자 안에 있으므로 세 위격의 모든 것은 직접적인 관계를 맺고 있다. 위격이 넷이라면 모든 것이 이렇게 직접적이고 지속적인 관계를 맺고 있지 않을 것이다. 외부에 또 다른 '그'가 있을 것이고, 한 위격은 언제나 소외될 것이다. 그리고

---

6 Gregory of Nazianzus, *Oration 23*.

나머지 위격들에서도 무언가 빠지고, 부족한 게 있을 수밖에 없다. 그러므로 하느님 안에서는 셋이 완전하다.

성령은 성자를 성부의 사랑, 성부를 향해 성자가 되돌리는 사랑, 즉 위격들이 친교를 나누는 가운데 그분의 존재가 다시 하나로 모이는 것을 나타낸다. 이러한 성령의 존재 양식을 강화하기 위해 하느님은 삼위일체 관계 중심에 성령을 두신다. 그렇게 하느님은 존재의 관대함이 결여되는 것을 피하시고, 동시에 무한대로 늘어나는 복수의 무질서도 피하신다. 그렇지 않을 경우 그 무엇도 자유롭지 못한 범신론, 사랑도 없고 창조도 없는 본질, 목적도 없고 의미도 없는 법칙이 만물을 채울 수밖에 없다.

성자께서 승천하신 이후, 인류가 이 땅에서 더 이상 성자를 볼 수 없게 되었을 때, 성자는 어디에나 있을 수 있는 성령 안에서 자신을 드러내신다. 성령은 부활한 그리스도의 몸을 온 세상에 비춘다.[7] 다음 장에서는 성령이 우리 한 사람 한 사람을 어떻게 그리스도와 연결해 주는지, 또한 그리스도는 성령과 어떻게 연결되는지를 살펴볼 것이다. 간략히 말하자면, 그리스도께서는 자신의 수난을 통해 우리의 정념들을

---

7 Basil the Great, *On the Holy Spirit*

정화하시고, 부활을 통해 우리를 영광스럽게, 우리의 몸을 성령에 부합하게 하신다. 성부로부터 성자를 향해 나아가 그 안에서 안식할 때까지 성령은 우리와 함께한다. 이런 면에서 그리스도와 성령의 활동은 연결된다.

VIII

연합의 영

내가 아버지께로부터 너희에게 보낼 보혜사 곧 아버지께로
부터 오시는 진리의 영이 오시면, 그 영이 나를 위하여 증언
하실 것이다. (요한 15:26)

예수 그리스도께서는 성령이 아버지께로부터 온다고, 자
신을 믿는 이에게 성령을 보내주신다고 말씀하셨다. 그래서
니케아-콘스탄티노플 신경은 성령을 "성부에게서 나오시는
분"으로 고백한다. 교부들은 성령이 성부에서 나온다는 것
과 성부가 성자를 낳는다는 것이 다르다고 강조했지만, 이것
이 정확히 어떤 의미인지에 대해서는 명시하지 않았다. 나지

안주스의 그레고리우스는 말했다.

> 그렇다면 "나온다"는 것은 무엇입니까? 여러분이 성부 안에서 성자와 성령이 생성되는지 설명하면 저는 어떻게 성부가 성자를 낳으시는지, 어떻게 성령이 성부에게서 나오는지 설명을 해보겠습니다. 사실 이는 하느님의 비밀을 캐묻는 무모한 일인지도 모릅니다. ... 어떤 분은 성령이 성자보다 부족한 것이 아니냐고 물으십니다. 그렇지 않다면 성령은 성자와 다를 바 없지 않냐고도 하시지요. 우리는 그렇지 않다고, 성령이 성자보다 결코 못하지 않다고 말합니다. 두 분 다 하느님이시며 부족함이 없습니다. 애써 말하면 "현현"manifestation의 차이, 서로가 맺는 관계의 차이 때문에 달리 표현된 것입니다.[1]

그레고리우스는 아담에게서 하와가 만들어지는 것과 하와에게서 셋Seth이 태어나는 것의 차이에 빗대어 성부가 성자를 낳는 것과 성령이 성부에게서 나오는 것의 차이를 설명한다.

---

1 Gregory of Nazianzus, *Oration* 31.

사람들은 하나의 원천에서 자녀와 또 다른 무언가, 이렇게 두 가지가 나올 수는 없다고 말할 것입니다. 왜 안됩니까? 하와와 셋은 같은 아담에게서 나오지 않았습니까? 그들을 어떻게 봐야 할까요? 둘 다 자손인가요? 그렇지는 않습니다. 그러면서도 둘은 인간이라는 공통된 정체성을 가지고 있습니다. 이를 생각해 보면 성령이 성부의 자식이거나, 그렇지 않으면 실체가 없고 하느님이 아니어야 한다면서 성령과 싸우는 것은 멈추어야 하지 않겠습니까?[2]

모든 교부는 성부에게서 나온 성령이 성자 안에 깃든다는 점을 강조했다. 그레고리우스 팔라마스는 성령이 하늘에서 내려와 아들 위에 머무는 것을 보았다는 세례 요한의 증언(요한 1:32~33)을 근거로 성육신 이전에도 성령이 성자 위에 머무셨다고 이야기했으며, 다마스쿠스의 요한John of Damascus도 같은 생각을 했다고 말했다. 요한 복음서 1장 33절을 언급한 뒤 팔라마스는 말했다.

그리고 사람들이 이를 성육신한 성자만 관련된 일이라고 생

---

2 위의 책, 125.

각하지 않도록, 그(다마스쿠스의 요한)는 "우리는 또한, 성령을 믿는다. 그는 아버지에게서 나오고 성자 안에 깃드신 분이다"라고 썼습니다.[3]

성령이 성자 안에 "깃든다"는 팔라마스(그리고 다마스쿠스의 요한)의 말은 성령과 성자가 어떻게 연결되는지를 보여 준다. 서방 교회는 성령이 성부와 성자에게서 나오는 것을 성령이 하나의 원리에서 나오는 것tanquam ex uno principio으로 잘못 이해했다. 이 공식은 성부라는 위격과 성자라는 위격을 구별하지 않으며 성령이 성부와 성자의 공통 본질에서 나오는 것으로 간주해 성부와 성자의 구별을 지워 버린다. 그레고리우스 팔라마스는 성령이 성자 안에 "깃드는" 것을 성자를 향한 성부의 사랑을 보여 주는 증거로 여겼다. 성부는 성자를 향한 사랑의 증거로 성령을 보내 성자 안에 깃들게 했다. 성부는 자신에게서 나오는 영을 통해 자신이 성자 안에서 깃드는 것을 기뻐한다. 그리고 성자는 이런 성부의 사랑에 수동적이고 무관심한 태도를 보이지 않는다. 성자는 성부께서 자신에게 성령을 보내주시는 것을 기뻐하며, 이를 받아들임으로써 성

---

3 Gregory Palamas, *Address* 1.

부를 기쁘게 한다. 팔라마스는 말한다.

> 하느님이 사랑하시는 말씀이자 아들인 성자께서는 사랑으
> 로 성령을 통해 자신을 낳은 이를 향하고, 성부에게 성령을
> 받아 그분과 함께 계십니다.[4]

누군가에게 사랑을 표현하면 그는 기뻐하기 마련이다. 그리
고 그가 그 사랑을 나누고 사랑에 참여하면 더 큰 기쁨이 일
어난다. 성부께서 자신을 생각함으로써 자신의 형상을 낳으
신다면, 그래서 그분이 성자의 기원이 된다면, 그분은 성자
를 향한 사랑의 기원이라 할 수 있고 성자는 그 사랑의 원인
이라 할 수 있다. 성자로 인해 성부는 성자를 사랑하는 아버
지, 자신의 형상을 사랑하는 인격으로 자신을 바라보게 되기
때문이다. 영원에서 성부와 성자 사이에 존재하는 이 사랑과
기쁨의 관계에서 성자는 아들로 남을 수밖에 없다. 이러한
맥락에서 그레고리우스 팔라마스는 말했다.

> 말씀의 영은 형언할 수 없는 말씀을 낳고, 그 말씀을 아끼시

---

4   Archimandrite Kiprian Kern, *Antropologiâ Sv. Grigoriâ Palamy* (Paris: YMCA
    Press, 1950), 356.

는 분의 형언할 수 없는 사랑이다. 사랑받는 말씀, 성자도 이 사랑을 경험하고, 또 자신을 낳으시는 분에게 보낸다. 성자는 이 사랑과 함께 성부에게서 나오고 그분 안에서 함께 안식하듯 그 사랑을 간직하고 있기 때문이다. … 성령은 또한, 진리와 지혜와 말씀의 영으로 아버지에게서 나온 자신을 간직하고 있는 아들에게 속한다. 진리와 지혜는 낳으신 이에게 합당한 말, 성자를 기뻐하시는 성부와 함께 이 말씀을 구성하기 때문이다.[5]

성령은 성부로부터 나아가되 종착지는 성령 자신이 아니다. 사랑인 성령은 성부와 성자가 서로 엮이는 모습을 구성한다. 성부와 마찬가지로 성령은 성자를 사랑하는 한 위격으로서 성부와 함께 성자를 향해 나아간다. 성부에게서 나오는 성령이 "성자에게 깃들고, 성자에게서 빛을 발한다"는 말은 이를 가리킨다. 이 빛을 통해 성령은 성부를 성자에게, 성자를 성부에게 드러낸다. 그렇게 성부는 아버지로, 성자는 아들로 나타나기를 멈추지 않는다.

그렇다고 해서 성령은 성부나 성자보다 덜 인격적이지는

---

5 Gregory Palamas, *One Hundred and Fifty Chapters*, chap. 36.

않다. 성령은 단순히 성부와 성자 사이에서 일어나는 감정의 표현이 아니다. 성부는 성자에게 완전한 사랑을 보여 주고, 자신에게서 나오며 자신과 함께 아들을 사랑하는 또 다른 인격이 있음을 기뻐하신다. 성자도 성령에게 이 역할을 부여한다. 성부, 성자와 함께 사랑하는 이 역할은 성자가 성부를 부르듯, 혹은 성부가 성자를 부르듯 성령을 홀로 "사랑하는 자"로 부르는 일이 없다는 점에서 알 수 있다. 우리는 성부를 통해, 혹은 성자를 통해 성령을 사랑한다고 말하고, 성부, 혹은 성자가 우리에게 영을 주신다고 말하지, 그 반대로 말하지는 않는다.

성령은 성부의 또 다른 '아들'이 아니다. 성령이 '아들'이라면 성부께서 성령을 성자에게 보내지 않을 것이다. 따라서 성령은 독자적인 한 위격이다. 성부께서는 절대적인 사랑의 증거로 성령을 독생자인 성자에게 보내신다. 성부가 성자를 낳으셨기 '때문에' 성령이 성부에게서 나오지 않으며, 성령을 성자에게 깃들게 하기 '위해' 성부께서 성자를 낳으시지도 않는다. 나지안주스의 그레고리우스가 성자와 성령은 본성상 일치할 뿐만 아니라 성자는 태어나시고, 성령은 나오신다고 표현한 이유는 바로 이 때문이다. 성자와 성령의 차이는 성부께서 성자를 낳았고, 성령을 나오게 하셨다는 것뿐이다.

물론 먼저 성자가 태어나셨다는 것을 기억할 필요가 있다. 그렇게 해야 나오시는 성령이 태어나신 성자 안에 깃든다는 것을 우리가 이해할 수 있기 때문이다. 성령은 성자 위에 머무르기 위해 성부에게서 나아가며, 성부는 자신의 영이 머무를 수 있는 이가 있기를 바라시기에 성자를 낳으셨다.

성령은 또 다른 '아들'도 아니고, 성부, 성자와의 관계에만 갇혀있는 "그", 제3의 인격도 아니다. 성령은 성자를 사랑하는 성부 안에 계시며, 성부와 함께 성자를 기뻐하고, 성부에게서 나와 성자 안에 깃든다. 또한, 성자와 함께 성부를 기뻐하며, 성부 안에 계시지만 또 다른 '아버지'는 아니다. 그러할 경우 성령은 '성부'를 '아버지'로 여기지 않을 것이다. 성령은 성부와 성자의 고유한 특성을 유지하면서 성부와 성자의 사랑을 경험한다. 성자는 성부와 함께 성령을 사랑한다. 성자 또한 성부의 영, 자신을 사랑하는 아버지에게서 온 영을 가지고 있기에 이 사랑에 함께한다. 성령은 성자에 대한 성부의 기쁨을 더하기 위해 성부에게서 나오며, 성자는 성령과 함께 그 안에서 기쁨을 누리려는 성부의 소망을 통해 태어나셨다. 성부께서는 당신의 사랑을 드러내기 위해 성령을 내보내시고, 그럴수록 세 위격의 사랑과 연합은 깊어진다.

성부께서 성자께 말씀하신다. "내가 너를 얼마나 사랑하는지 아느냐. 보아라. 나와 함께 너를 기뻐하는 성령이 있다." 그러면 성자께서 답하신다. "당신은 제가 성령과 함께 당신을 사랑함으로써 어떻게 응답하는지를 아십니다. 저는 아버지께서 제게 주신 영과 함께할 때만 아들로서 아버지를 사랑할 수 있습니다. 결코 혼자가 아니라 언제나 영과 함께합니다." 성부와 성자는 성령을 통해 '아버지'와 '아들'로 연합한다. 성부, 성자, 성령은 세 위격이지만, 세 번째 위격인 성령은 두 위격 중 한 편에만 서지 않고 두 위격을 하나로 묶는다. 성부, 성자, 성령은 서로 안에 있어 서로를 연합하고, 우리에게 말씀하실 때도 각자의 특성으로 서로를 강화한다. 그러나 그렇다고 해서 성령께서 직접 우리에게 말을 하시거나, 우리가 성부, 성자와 대화할 수 있도록 영감을 주시는 것을 막지는 않는다. 특히 성령은 우리가 삼위일체 하느님을 향해 기도하도록 격려하신다. 예수께서는 제자들에게 말씀하셨다.

아직도, 내가 너희에게 할 말이 많으나, 너희가 지금은 감당하지 못한다. 그러나 그분 곧 진리의 영이 오시면, 그가 너희를 모든 진리 가운데로 인도하실 것이다. 그는 자기 마음대로 말씀하지 않으시고, 듣는 것만 일러주실 것이요, 앞으

로 올 일들을 너희에게 알려 주실 것이다. (요한 16:12~13)

성자, 성령은 (그리고 성부는) 자기 안에서 서로 말씀하신다. 그렇기에 그리스도교는 성령을 단순히 성부와 성자를 대변하는 이, 성부와 성자가 말을 건네는 "그"로 보지 않는다. 성부, 성자, 성령 각 위격이 말씀하실 때는 다른 두 위격과 분리되지 않은 채로 말씀하신다. 성부와 성자는 성령을 자신들과 분리된 제3의 존재로 말씀하시지 않는다. 성부가 성자와 대화할 때 성부 자신 안에 성령이 있고, 성자가 성부와 대화할 때는 우리와 대화할 때와 마찬가지로 성자 안에 성령이 있다.

　세 분의 연합은 언제나 이어진다. 성부는 성자와 성령 둘의 근원으로 성자를 낳음으로써, 성령을 보냄으로써 둘을 연합하신다. 성부에게서 태어난 성자는 성부에게서 나온 성령이 자신에게 깃듦으로써 성부와 연합한다. 성령은 성부에게서 나옴으로써 성부와 연합하고, 성자 위에 깃듦으로써 성자와 연합한다. 하느님의 각 위격은 다른 위격들과 공통의 본성을 지녔을 뿐만 아니라 각자의 특성을 통해서도 다른 두 위격과 연합한다. 그렇기에 성령은 '아버지의 영'the Spirit of the Father, '아들의 영'the Spirit of the Son으로 불리며, 성부는 '성령이 아들을 향해 나아가게 하는 분'으로 불린다. 성부는 성령과의 관계를 통해 이러한 특성을 받지 않았기에 '성령의 아버지'the Father of the Spirit라 불리지 않고, 성자 역시 영으로 인해 존재하지 않았기에 '성령의 아들'the Son of the Spirit이라 불리지 않는다. 그러나 성령은 "아버지와 아들의 영"이라 불리며 성부, 성자와 엮여 있다. 성령은 "아버지의 영"임과 동시에 성자에 깃들기 때문에 "아들의 영"이다. 세 위격의 안에서, 삼위일체를 완성한다는 의미에서 "아버지와 아들의 영"이기도 하다. 각 위격은 다른 두 위격을 연합시키지만, 삼위일체의 본질은 오직 성령 안에서, 성령을 통해 완성된다. 그렇기에 성령은 성부와 성자를 궁극의 연합으로 이끄는 분이다. 오직 성령을 통해서만 성부는 성자에 대한 모든 사랑을 나타내고, 성자 역시 성령을 통해서만 성부를 향한 모든 사랑을 나타낸다. 오직 성령을 통해서만 성부는 '아들'에 대한 '아버지'의 모든 사랑을 활성화하고, 성자는 '아버지'를 향한 '아들'의 사랑을 활성화한다.

성령이 성부로부터 성자를 향해 나아가며, 성자로부터 성부를 향해 성령의 빛이 나기에 우리는 성자를 통해 성령을 받고, 성부의 사랑에 응답하는 하느님의 사랑하는 자녀가 될 수 있다. 성부와 성자 사이에 존재하는 사랑으로 인해 우리는 '아버지'의 자녀가 되고, '아버지'의 사랑을 받으며, '아버지'를 우리 자신처럼 사랑할 수 있으며, '아들'을 우리의 형제로 사랑할 수 있다. 우리는 성자를 같은 '아버지'를 둔 형제로 사랑하고, 인간의 육신을 입고 우리의 형제가 된 '성자'의 형제로서 이웃을 사랑한다. 이는 '나'와 '너'의 관계에서 '그'의 역할을 보여 준다. 우리 각 사람에게는 우리와 함께하는 '그'가 있기에 우리의 사랑은 더욱 커진다.

성자께서 우리에게 성령을 주지 않으시면, 달리 말해 "아버지의 아들"이 우리에게 "자녀됨을 가능케 하는 영"을 주지 않으시면, 우리는 '아버지'의 자녀가 됨으로써 얻는 사랑, '아들'의 형제가 됨으로써 얻는 사랑을 받지 못할 것이다. 성서는 종종 성자이신 예수 그리스도께서 성령을 통해 우리를 하늘에 계신 아버지의 자녀가 되게 하신다고 말한다. 사도 바울은 그 대표적인 예다.

하느님께서는 자기 아들을 보내셔서, 여자에게서 나게 하시고, 또한 율법 아래에 놓이게 하셨습니다. 그것은 율법 아래에 있는 사람들을 속량하시고, 우리로 하여금 자녀의 자격을 얻게 하시려는 것이었습니다. 그런데 여러분은 자녀이므로, 하느님께서 그 아들의 영을 우리의 마음에 보내 주셔

서 우리가 하느님을 "아빠, 아버지"라고 부를 수 있게 하셨
습니다. (갈라 4:4~6)

성령은 바로 이를 위해 성부에게서 나온 분으로서 성부를 향
한 성자의 사랑을 성자 안에서 영원히 유지한다. 성자가 인
간이 되셨을 때 성자는 성부에게 사랑의 영을 받았으므로 우
리에게도 성령을 전할 수 있다. 로마인들에게 보낸 편지에서
바울은 말한다.

하느님의 영으로 인도함을 받는 사람은, 누구나 다 하느님
의 자녀입니다. … 여러분은 … 자녀로 삼으시는 영을 받았
습니다. 그래서 우리는 그 영으로 하느님을 "아빠, 아버지"
라고 부릅니다. (로마 8:14)

그러므로 우리 또한 "하느님이 정하신 상속자요, 그리스도
와 더불어 공동 상속자"(로마 8:14)다. 이렇게 그리스도께서는
"많은 형제 가운데서 맏아들"(로마 8:29)이 되셨다. 인간으로
서 그분은 하느님의 자녀됨을 가능케 하는 자신의 영을 품으
셨다. 그리고 이렇게 성령은 우리가 아버지 하느님, 하느님
의 아들과 연합할 수 있게 하신다.

성령이 하느님을 "아버지"라고 부를 때 느끼는 감정을 우리도 경험할 수 있다. 그분이 우리와 연합하시기 때문이다. 성령이 우리와 연합하지 않았다면, 또는 그분이 우리와 함께 "아빠, 아버지"라고 부르지 않았다면, 우리는 그분을 '아버지'라 부를 수 없다. 이는 성육신하시기 전 "아들의 영"은 단순히 아들의 영이 아니라 "아버지의 영"이기도 했음을, 즉 성자가 성부에게 성령을 받았음을 뜻한다. 성육신하신 성자께서는 동일한 성령의 능력으로 우리와 함께 "아버지"를 향해 부르짖으신다. 이제 우리는 성령을 통해 "아빠, 아버지"라고만 부르지 않는다. 우리는 성령 안에서 성부와 성자에게 기도하고, 성자는 우리 안에 있는 성령과 함께 기도한다. 우리는 성령 없이 아버지 하느님께 기도할 수 없으며, 성자 없이 기도할 수도 없다. 우리에게 보내신 분을 통해 우리를 구원하기를 원하시는 하느님께서는 우리에게 당신의 도움을 구할 수 있도록 힘을 주신다.

> 이와 같이, 성령께서도 우리의 약함을 도와주십니다. 우리는 어떻게 기도해야 할지도 알지 못하지만, 성령께서 친히 이루 다 말할 수 없는 탄식으로, 우리를 대신하여 간구하여 주십니다. (로마 8:26)

성자를 성부와 연합시킨 것처럼, 성령은 우리를 성부, 성자와 연합시킨다. 우리와 하느님의 경계를 볼 수 없을 정도로 연합시킨다. 물론 그때조차 우리는 우리의 약함을 알고 있다. 성령께서 우리를 성부와 성자에게로 이끄실 때 그분은 단순히 '그'로 존재하지 않는다. 오히려 우리 자신과 구별하기 어려울 정도로 '나'가 되어 우리를 하느님과 연합하게 한다. 이때 관계는 '나-그' 관계가 아니라 '나-너' 관계다.

사도 바울은 우리가 맡은 바를 하지 않으면 '아들의 영'과 함께, 혹은 '아들의 영'을 통해, 우리 안에 깃든 분과 함께 기도하는 일은 일어나지 않는다고 말한다. 이 세계에서 주님이 자신이 맡으신 바를 살아 내셨듯 우리도 우리가 맡은 바를 다하고 분투해야 한다. 고귀하고 영광스럽게 되신 주님께서는 우리도 당신께서 몸으로 감내하셨던 길을 걸어 부활에 이르기를 바라신다. 그분은 당신의 영을 통해 우리가 점점 더 당신을 닮아가도록 이끄신다(설령 이를 우리가 볼 수 없다 할지라도 말이다). 성령은 우리를 성육신하시고 부활하신 성자처럼 부활하고 변모되어 거룩해진 '아버지의 자녀'로 만드신다.

IX

성화

부활하시고 영광스럽게 되신 성자는 성령을 통해 우리 안에서 활동하신다. 그렇기에 우리도 성령에 의해 몸이 변모되고 신화되는 길, 자녀됨의 길을 걸어갈 수 있다.

영광스럽게 되신 그리스도께서는 지상에 계셨을 때 인성 안에서 몸소 이 일을 이루셨듯 성령을 통해 우리 안에서 이 일을 이루신다. 성령은 그리스도께서 부활의 몸을 취하신 상태, 변모된 몸, 빛을 넘어선 빛을 받고, 신화된 상태로 우리를 인도한다. 성령을 통해 영광을 받으신 성자의 활동은 생명을 주는 활동, 성화를 이루는 활동이다. 성자께서 지상에 계실 때는 인간 안에서 이 일을 완성할 수 없으셨다. 생명을 주고 성화를 이루는 성령이 그분의 몸을 관통한 뒤에야 비로소 이루어질 수 있었다. 생명을 주고 성화를 이루는 활동은 성자와 성령의 활동, 혹은 성령을 통한 성자의 활동이다.

앞서 언급했듯 성령이 성부에게서 나와 성자에게 깃드는 이유는 성부와 성자가 사랑으로 연합하기 위해서다. 또한, 성령은 인류에게 성부에게서 나와 성자를 향하는 온전한 사랑을 보여 줄 뿐 아니라, 성부를 향한 성자의 사랑을 온전히 보여 준다. 나아가 성령은 하느님의 형상으로 창조된 인간에게 성자를 향한 성부의 사랑을 가져다주며, 온 인류를 향한 성자의 사랑을 인류에게 부어 준다. 성령은 처음에는 예언자들을 통해 자신의 활동을 선포하셨다. 성부에게로 돌이키거나, 신앙으로 성자와 일치하고, '아들의 영'으로 충만해진 이들을 성부에게로 이끌기 위해서였다. 그렇기에 니케아-콘스탄티노플 신경에서는 성령을 "거룩하신 분"이자 "생명을 주시는 분", "예언자들을 통해 말씀하신 분"으로 고백한다. 예수 그리스도께서는 성육신하신 말씀으로서 이 세상에 계실 때, 그리고 죽으셨다 부활하신 이후 신화된 영광의 몸을 입으셨을 때 우리에게 다가오셔서 성령이 하시는 일을 앞서 보여 주신다.

성자와 성령이 함께 하는 계시, 서로를 보완하는 계시는 계속된다. 이를 두고 폴 에브도키모프Paul Evdokimov*는 성령의 활동과 말씀의 활동이 점점 더 눈에 띄게 번갈아 나타난다고, 좀 더 엄밀히 말하면 말씀과 '함께하는' 성령의 활동, 성령과 '함께하는' 말씀의 활동이 번갈아 나타난다고 말했다. 성령은 이 활동을 통해 자신을 드러낸다. 성령은 말씀이 몸으로 오시는 것을 준비했다. 그리스도께서는 먼저 눈에 보이는 방식으로, 몸을 입고 활동하셨지만, 그 안에서 활동하는 성령이 없다면 그분의 몸이 부활하지 않으셨을 것이다. 그리스도께서 부활하신 뒤에도 성령은 함께 활동하셨다. 보이지 않던 성령의 활동이 드러난다. 성령은 신자들에게 미래에 부활하여 입게 될 몸을 보여 주고, 영화의 단계로 그들을 이끈다.

예언자들의 입을 통해 구약 성서 전체는 동정녀를 통한 그분의 오심과 오순절 사건을 미리 보여 준다(루가 1:38 참조).

---

* 폴 에브도키모프(1901~1970)는 러시아 출신 정교회 신학자다. 성 세르기우스 연구소의 교수로서 서구 그리스도교 역사와 도덕 신학을 가르쳤으며 평신도 신학자로서 저술 활동을 이어갔다. 교회 일치 운동에도 적극적으로 참여해 1964년 제2차 바티칸 공의회 공식 옵저버로 활동하기도 했다. 주요 저서로 『사랑의 성사』Sacrement de l'amour, 『성화 예술』L'art de l'icône, 『영성 생활의 시대』Les âges de la vie spirituelle 등이 있다.

... 오순절은 삼위일체 하느님께서 이루시는 궁극적인 구원이 어떠한지를 보여 주는 사건이다. 이러한 맥락에서 교부들은 그리스도를 "위대한 성령의 선구자"라 부르기도 했다.[1]

예브도키모프는 성령과 말씀은 언제나 함께 있지만, 어느 때는 성령이, 또 어느 때는 말씀이 전면에 등장한다고 말한다.

> 그리스도의 지상 활동 기간 동안 인류와 성령의 관계는 오직 그리스도를 통해서만, 그리고 그리스도 안에서만 이루어졌다. 그러나 오순절 이후에는 오직 성령을 통해서만, 성령 안에서만 인류와 그리스도의 관계가 이루어진다. ... 승천은 역사 가운데서 그리스도를 더는 볼 수 없음을 알려 주는 사건이다. ... 이제 그리스도께서는 우리 안에 함께하신다. 오순절은 이를 만방에 알렸다. 이제 그리스도는 과거의 한 사람이 아니라 그를 따르는 제자들 안에서, 이들을 통해 드러난다.[2]

---

1 Paul Evdokimov, *L'Esprit Saint dans la tradition orthodoxe* (Paris: Éditions du Cerf, 1969), 87, 89.

2 위의 책, 90

말씀이 성육신하기 전 성령은 지상에서 예언의 활동을 하셨다. 말씀이 기적적으로 몸을 입고 오셨을 때 사람들이 그분을 믿게 하기 위해서다. 인간의 몸도 부활로 이끄시기 위해서는 성자께서 몸을 입고 오셔야 했다. 또한, 성육신한 성자의 활동은 인간들이 그리스도의 본을 따라 지상에서 살게 하기 위해, 그리스도처럼 부활하고 그리스도처럼 영화된 몸을 얻게 하기 위해 필요했다.

서방 그리스도교는 그리스도의 승천 이후 인간 안에서 성령이 하는 활동, 성령을 통해 승천한 그리스도께서 하시는 활동에 별달리 주목하지 않았다. 그로 인해 그리스도와 성령은 단절되었다. 서방 교회는 그리스도를 거룩한 신비에 깃든 창조되지 않은 은총, 혹은 창조되지 않았으며, 성화하고, 변혁하는 하느님의 힘을 인간과 연합시켜 신자들을 새로운 영적 차원으로 끌어올리는 분으로 긍정하기보다는 지상에서 그리스도께서 남기신 말, 그리스도의 활동에만 주목했다. 그리스도께서 인간을 부활시켜 모든 피조물과 함께 빛을 발하는 몸으로 만드시는, 그렇게 하느님의 자녀가 되게 하시는 성령의 생명을 주신다고, 거룩하게 하신다고, 그렇게 성령과 함께 활동하신다고 지속적으로 이야기한 교회는 정교회뿐이다. 정교회 그리스도교인들에게 인간은 그저 그리스도께서 이루신 최상의 공로로 인해 용서받는, 그리스도의 희생, 그리고 그 효력을 믿음으로써 죄를 용서받고 깨끗해지는 존재가 아니다. 정교회는 인간이 그리스도를 본받아 거룩한 존재로 성장할 수 있다고, 그리스도의 영을 통해 미래에 그리스도를 닮은 변모된 몸이 될 때까지 성화는 계속된다고 믿는다. 그리고 정교회는 하느님께서 몸소 변모와 성화를 위한 매개가 되셨으며 이를 위해 인성을 지니고 계신다고 믿는다.

이를 성취하려면 우리도 가능한 한 그리스도의 본을 따라 지상에서 살기 위해 노력해야 한다. 하느님의 자녀로 살기 위해 노력할 때 그리스도의 영은 우리를 도우신다. 세례를 받음으로써, 성령을 통해 우리는 다시 태어나고, 새로운 분투가 시작된다. 그때 우리는 이 세계에 대한 집착이라는 영적 죽음에서 벗어나 이 세계를 유일한 현실로 여기지 않게 된다. 성령은 우리를 다시 태어나게 해 하느님과 함께하는 참된 삶을 향하게 하고, 이를 향해 걸어가는 가운데 우리를 지탱해 주신다. 우리는 바로 그렇게 성장하고, 거룩해진다.

주님께서는 당신을 믿는 이들에게 성령을 보내 주겠다 약속하셨고, 동시에 그들이 세례를 받아 거듭나면 물질세계의 노예가 되지 않고 하느님의 자녀가 될 것이라고 말씀하셨다. 사도 바울은 말했다.

여러분 각 사람은 이제 종이 아니라 자녀입니다. 자녀이면, 하느님께서 세워 주신 상속자이기도 합니다. 그런데 전에는 여러분이 하느님을 알지 못해서, 본디 하느님이 아닌 것들에게 종노릇을 하였지만, 지금은, 여러분이 하느님을 알 뿐만 아니라, 하느님께서 여러분을 알아주셨습니다. 그런데 어찌하여 그 무력하고 천하고 유치한 교훈으로 되돌아가서, 또다시 그것들에게 종노릇 하려고 합니까? (갈라 4:7~9)

또한, 예수께서는 니고데모에게 말씀하셨다.

누구든지 물과 성령으로 나지 아니하면, 하느님 나라에 들어갈 수 없다. 육에서 난 것은 육이요, 영에서 난 것은 영이다. 너희가 다시 태어나야 한다고 내가 말한 것을, 너는 이상히 여기지 말아라. (요한 3:5~7)

하느님의 아들이 성육신하셔서 성령을 통해 사람들과 연합하셨기에 사람들은 하느님의 자녀로 (다시) 태어난다.

그(말씀)를 맞아들인 사람들에게는, 하느님의 자녀가 되는 특권을 주셨다. (요한 1:12)

그렇기에 사제는 세례를 받으러 온 이(혹은 그의 대부모)에게 묻는다.

당신은 사탄을 끊어버립니까?
당신은 그리스도와 연합합니까?

세례를 받으러 온 이는 두 질문에 모두 "예"라고 답한다. 그리스도는 성령을 통해 오신다. 달리 말하면, 그리스도를 통해 성령이 오신다.

성령의 활동은 성찬을 거행할 때 빵과 포도주를 그리스도의 몸과 피로 변모시켜 달라는 요청에서도 엿볼 수 있다.

우리는 피 흘림 없는 이 영적 예배를 당신께 바칩니다. 당신께 구하고, 기도하며, 간청하오니 당신의 성령을 여기 봉헌한 선물들 위에 내려주소서. 이 빵을 그리스도의 고귀한 몸으로 만들어 주소서. 그리고 이 잔에 있는 것을 당신의 고귀한 피로 만들어 주소서. ... 당신의 성령으로 이들을 변화시켜 주소서.[3]

---

3 John Chrysostom, *The Divine Liturgy of Saint John Chrysostom: A New Translation* (Brookline, MA: Holy Cross Orthodox Press, 2009), 22.

성 삼위일체 전체가 여기서 활동하고 계시다. 성부는 성령을 통해 선물들을 변모시키신다. 그리스도께서는 자신이 뜻한 바에 따라 빵과 포도주를 자신의 몸과 피로 만드신다.

죄의 용서 또한 성령을 통해 이루어진다. 그리스도께서는 죄를 용서하시기 위해 사도들과 자신을 따르는 이들에게 성령의 힘을 불어넣으셨다.

> (예수께서) 그들에게 숨을 불어넣으시고 말씀하셨다. "성령을 받아라. 너희가 누구의 죄든지 용서해 주면, 그 죄가 용서될 것이요, 용서해 주지 않으면, 그대로 남아 있을 것이다." (요한 20:22~23)

성자는 그들에게 죄를 용서하는 힘을 불어넣으시고, 그 힘은 바로 성령이다.

닿는 모든 것을 거룩하게 하는 성수holy water 역시 그리스도의 요청에 따라, 성령을 통해 거룩해진다. 사제가 물을 거룩하게 해주시기를 기도할 때 그는 사람들을 치유하시기 위해 오신 주님을 언급한다.

> 당신의 거룩하고, 생명을 주는 영,

만물을 성화하는 성령의 은총을 보내셔서

이 물을 거룩하게 하소서.

성령은 하느님께서 내뿜어 내시는 힘, 만물을 거룩하게 만드는 힘이다. 성령은 아버지에게서 끊임없이 나와 성자를 통해 만물을 거룩하게 하시고, 인간들의 생명을 일으시키며, 당신이 그러고자 원하실 때 병을 고치신다.

성령이 생명을 주고 거룩하게 하시는 분이라는 말이 무엇을 의미하는지, 성령의 활동이 사람들에게 어떠한 영향을 미치는지 잠시 생각해 볼 필요가 있다.

성령은 일시적인 쾌락에 빠져 죽어가는 이들과 이기주의라는 가난 가운데 살아가는 이들을 영적인 죽음에서 건져내 고귀하고 풍요로운 삶을 주시기 때문에 생명을 주시는 분이다. 그래서 예배 시 삼성송三聖頌(*정교회 성찬 예배에서 부르는 성가, 하느님을 거룩하다고 세 번 찬양한다는 의미를 지닌다)을 부를 때 성부를 "하느님"이라고 부르고, 죽음을 겪으심으로써 죽음을 이기신 성자를 "전능하신 이"라고 부르며, 세례를 통해 거듭날 때 생명을 주신 성령을 "불멸하시는 이"라고 부른다. 신앙을 통해 하느님께서는 생명을 주셔서 성장하는 삶으로 우리를 부르시고, 인도하신다. 설령 우리가 영적 죽은 상태에 있다 할지라도 이 생명은 약화되지 않는다.

로마인들에게 보낸 편지에서, 사도 바울은 "자녀로 삼으시는 영"(로마 8:15)이 주시는 새로운 삶에 대해 묘사한다. 그에 따르면, 우리는 성령을 통해 하느님의 자녀가 되고, 그리스도와 함께 천국의 상속자가 된다고 말한다. 그러나 여기에는 고난을 받고, 그 뒤 그리스도와 함께 영광을 누리는 것이 포함된다.

> (우리가 하느님의) 자녀이면 (하느님의) 상속자이기도 합니다. 우리가 그리스도와 함께 영광을 받으려고 그와 함께 고난을 받으면, 우리는 하느님이 정하신 상속자요, 그리스도와 더불어 공동 상속자입니다. 현재 우리가 겪는 고난은, 장차 우리에게 나타날 영광에 견주면, 아무것도 아니라고 나는 생각합니다. (로마 8:17~18)

우리는 그리스도께서 주신 자녀됨의 영을 통해 고난을 받음으로써 장차 하느님 안에서 살아갈 영광을 준비한다. 악이 우리를 공격할 때, 우리를 강하게 하시고, 온갖 고난이 밀어닥치고, 쓰라리더라도 신앙으로 인내하며 살도록 도우시는 그리스도가 없다면 우리의 고통은 무의미하다. 그렇기 때문에 우리는 성찬을 통해 그리스도를 희생 제물로 받아들여 쾌락의 유혹에 굴복하지 않고 희생하는 삶을 살 수 있다. 그분께서 몸소 배고픔과 피로, 조롱과 매질, 십자가에 못 박히시는 고난의 삶을 사셨기에 우리 또한 그러한 삶을 감내할 수 있다.

고난을 통해 그리스도의 인성은 음식, 휴식, 세상의 인정, 죽음에 대한 두려움이라는 유혹에 맞서 강해졌다. 그분은 우리가 성령이라는 힘을 통해 쾌락에 휘말리는 정념들, 이기주의에서 일어나는 정념들을 약화시키고 극복할 수 있도록 도와주신다. 그리스도께서 인간으로서 완전한 하느님의 생명으로 부활하셨음에도 불구하고 우리에게 고난을 견딜 수 있는 힘을 주신다는 건 위대한 신비다. 그분은 우리가 겪는 고통에 대해 무감각하지 않으시다. 어머니가 자녀의 고통을 자신의 고통처럼 여기고 자녀가 그 고통을 극복할 수 있도록 돕듯 주님은 우리를 도우신다. 그리스도인들은 그리스도를 향한 사랑으로 인해 그리스도의 고난을 선포하고, 그 고난을 자신들도 경험한다. 어떤 면에서 그리스도께서는 자신이 겪으신 고난을 그들이 영적으로 재현하게 하시기 때문이다. 쾌락, 이기주의라는 정념들에서 구원받는 과정은 하느님과의 관계를 통해 더는 피조 세계의 일부가 아닌 영역, 더 신성한 삶, 거룩한 삶으로 올라가는 과정이다.

이 생에서 우리가 올라가는 과정은 하느님의 사랑 안에서, 그분과 더욱 긴밀하게 연결되도록 성장하는 과정이다.

> 나는 확신합니다. 죽음도, 삶도, 천사들도, 권세자들도, 현재 일도, 장래 일도, 능력도, 높음도, 깊음도, 그 밖에 어떤 피조물도, 우리를 우리 주 예수 그리스도 안에 있는 하느님의 사랑에서 끊을 수 없습니다. (로마 8:38~39)

성령을 통해 "우리는 언제나 예수의 죽음을 우리 몸에 짊어지고 다닌"다. "예수의 생명"이 "우리 몸에 나타나게 하기 위함"(2고린 4:10)이다. "'어둠 속에 빛이 비처라' 하고 말씀하신 하느님께서, 우리의 마음속을 비추셔서, 예수 그리스도의 얼굴에 나타난 하느님의 영광을 아는 지식의 빛을 우리에게 주셨"(2고린 4:6)으니 성령은 우리의 "영원하고 크나큰 영광을"(2고린 4:17) 위해 활동하신다. 성부에게서 나온 성령은 성자를 통해 우리에게 도달해 모든 순결, 찬미, 거룩함을 가져다주시기에 우리는 그분을 "생명을 주는", "거룩한" 분이라고 부른다.

또한, 성령은 하느님의 숨결, 성육신하신 성자를 통해 우리에게 불어오는 영의 바람, 이 세계 너머의 영역에서 불어오는 바람이다. 이 바람을 통해 우리는 온전한 사랑이자 거룩함인 삼위일체가 바람, 숨결과 같음을, "그 소리는 듣지만, 어디에서 와서 어디로 가는지는" 모름을 안다. 주님께서 니고데모에게 말씀하셨듯 "성령으로 태어난" 사람은 누구나 이를 안다(요한 3:5~8 참조).

우리는 이 신비한 바람을 통해 하느님이라는 신비를 경험한다. 그러나 그분은 우리를 알고 계시며 당신 자신 안에서, 당신을 통해 우리가 진정 누구인지를 알게 하신다. 하느님을 아는 길, 참된 깨달음에 이르는 길을 알면, 우리는 덧없는 세계를 섬기지 않고 영원의 삶, 영원한 생명을 보장하시는 하느님을 섬기게 된다.

> 전에는 여러분이 하느님을 알지 못해서, 본디 하느님이 아닌 것들에게 종노릇을 하였지만, 지금은, 여러분이 하느님을 알 뿐만 아니라, 하느님께서 여러분을 알아주셨습니다. 그런데 어찌하여 그 무력하고 천하고 유치한 교훈으로 되돌아가서, 또다시 그것들에게 종노릇 하려고 합니까? (갈라
> 4:8~9)

성령을 통하지 않고는, 누구도 그리스도를 믿을 수 없으며, 그리스도께서 자신과 함께하심을 알 수 없다. 이는 성령과 그리스도가 모든 신자와 연합함을 보여 준다. 또한, 그리스도에 대한 믿음, 하느님의 순수하고 사랑으로 이루어진 생명과 함께 성령은 각 사람에게 적합한 선물(은사)을 주신다.

> 성령을 힘입지 않고서는 아무도 "예수는 주님이시다" 하고 말할 수 없습니다. 은사는 여러 가지지만, 그것을 주시는 분은 같은 성령이십니다. ... 어떤 사람에게는 성령을 통하여 지혜의 말씀을 주시고, 어떤 사람에게는 같은 성령을 따라 지식의 말씀을 주십니다. (1고린 12:3~4, 8)

다양한 사람이 받는 다양한 선물은 모두의 선을 위해 함께 활동한다. 모든 사람이 성령을 통해 지향하게 되는 길의 가장 큰 특징은 사랑이다. 그러므로 어떤 선물을 지녔든 간에, 사랑이 없는 사람은 거짓말쟁이다(1고린 13장, 1요한 4:20 참조). 이 같은 맥락에서 바실리우스는 인간은 자신을 위해 선물을 받지 않으며, 다른 사람의 선과 유익을 위해 선물을 사용해야 한다고 말했다.

정교회는 삼위일체 하느님께서 성령을 통해 신자들과 모

든 피조물 안에서, 이들을 통해 하시는 활동(새로운 삶, 영원한 생명, 거룩함을 가져다주는 활동)을 중시한다. 예배를 드릴 때 교회가 성령께 드리는 기도에서도 이를 엿볼 수 있다. 이 기도에서 교회는 성령을 "하늘의 왕"이라고 부른다. 물질을 영으로 다스리는 하늘 나라로 우리를 올리기 때문이다. 또한, 성령은 지상에서의 시련과 어려움을 겪는 가운데 우리를 위로하시기 때문에 교회는 기도하며 그분을 "위로자"라고 부른다. 또한, 성령은 성육신하신 하느님의 아들, 진리이신 그리스도 안에 있는 생명, 참된 길을 우리에게 보여 주기에 교회는 그분을 "진리의 영"이라고 부르고, 기도한다.

성령은 "어디에나 계시며", 신앙과 사랑으로 만물을 하나로 묶어주신다. 그분은 우리를 모든 결핍에서 벗어나게 해주시기에, 우리를 완전히 만족시키는 하느님 안에서 생명을 주시기에 "만물을 채우는 분"이시다. 또한, 모든 선한 것이 그분에게서 나오며, 그분을 통해 선한 것을 다른 사람들과 나눌 수 있기에 우리는 그분을 "선한 것의 보고寶庫"라고 부르기도 한다. 이렇게 그분은 만물을 완성하신다. 그분은 "생명을 주시는 분"이시기에, 우리를 생명 없는 가난한 삶에서 벗어나게 하시고 영원한 생명을 주신다. 그렇기에 우리는 성령을 향해 "오셔서 우리 안에 깃드시며", "모든 불순물을 정화하시고", 우리를 거룩하게 하시며, 이를 통해 "우리의 영혼을 구원"해 주시기를 간구한다.

X

생명의 영을 찬미하라

1799년 콘스탄티노플 총대주교가 그리스어로 출판한 후 1827년 네암츠 수도원에서 루마니아어로 번역해 출간한 책에는 진실로 덕을 추구하고 신비로운 신학을 머금은, 성령께 드리는 일곱 기도문이 있다. 각 기도문은 요즘은 보기 드문 미묘하고도 시적인 방식으로 정화의 길을 그린다. 각 기도문은 모두 신자들이 자신들의 분투를 지탱하는 성령의 활동을 통해 하느님과 연합하는 신비로운 상태에 대해 말한다. 이 기도문들은 교회의 지도자, 신앙의 종들이 썼으며 신신학자 시메온Symeon the New Theologian의 기도문부터 시작해 다른 기도문으로 이어진다. 이는 오랜 시간에 걸쳐 교회가 하느님 안에서 살아가는 경험을 끊임없이 표현해 왔음을 보여 준다. 비르질 칸데아Virgil Cândea 교수는 이 책을 내게 소개해 주었고, 심지어 복사본까지 구해다 주었다. 나는 키릴 문자로 쓰인 첫 번째 기도문을 번역하고 몇 가지 해설을 붙였다.

첫 번째 기도는 성령께서 영혼에 가져다주시는 기쁨과 기도하는 영혼 안에서 성령이 활동하시는 모습, 혼합이 아닌 연합을 보여 준다. 또한, 이 기도는 성령께서 정념들을 정화하시며 영혼에 빛을 가져다주심을 긍정한다.

오소서. 참된 빛이시여. 오소서. 영원의 생명이시여.

오소서. 감추어진 신비시여.

오소서. 이름 없는 보물이시여.

오소서. 형언할 수 없는 실재시여.

오소서. 상상할 수 없는 인격이시여.

오소서. 끝없는 복이시여.

오소서. 지지 않는 태양이시여.

오소서. 구원을 열망하는

모든 이의 기대를 이루시는 분이시여.

오소서. 잠든 이들을 깨우소서.

오소서. 죽은 자 가운데서 부활하신 이여.

오소서. 오로지 당신 뜻으로 창조하시고,

다시 창조하시며, 새롭게 하시는 전능한 분이시여.

오소서. 형체가 전혀 없기에 만질 수조차 없으신 분이시여.

오소서. 항상 부동의 존재로 계시나

매 순간 우리를 향해 움직이시고

우리에게 오시는 분이시여.

모든 하늘 위에 계신 분이시여.

지옥에 잠든 우리에게 오소서.

오소서. 사랑받는 이름이여.

모든 곳에서 자신을 드러내시나

우리는 표현할 수 없는 분이시여.

오소서. 본성을 알 수 없는 분이시여.

영원한 기쁨이여. 오소서.

바래지 않는 왕관을 쓰고 오소서.

우리의 하느님, 위대한 왕이 입는 자색 옷을 입고 오소서.

수정으로 수놓은 띠를 두른 분이여. 오소서.

감히 만질 수도 없는 샌들을 신으신 분이시여. 오소서.

오소서. 자색 옷을 입은 왕이시여. 오소서.

참된 통치자시여. 오소서.

이 비참한 영혼이 원하고 바라는 분이시여.

홀로 계신 분이시여.

제가 외로워하는 것을 보셨으니

이 외로운 영혼에게 오소서.

저를 만물에서 분리해 고독하게 하신 이여. 오소서.

절대로 다가갈 수 없는 당신이지만,

당신을 갈망하게 하는 분이시여. 오소서.

그런 저를 바라는 분이시여. 오소서.

저를 숨 쉬게 하고 살게 하는 분이시여. 오소서.

제 불쌍한 영혼을 위로해 주소서.

오소서. 나의 기쁨, 나의 영광, 나의 샘솟는 기쁨이시여.

혼란 없이, 변형 없이, 변이 없이 만물 위에 계신 하느님,

그러나 당신께서는 저를 위해 모든 것이 되십니다.

무상으로 저를 위한 양분이 되셔서

제 영혼의 입술에 끝없이 흐르시고

제 마음의 샘에서 솟구쳐 오르십니다.

악마들로부터 저를 지켜주시는 눈부신 갑옷이 되시고,

사람들에게 방문하시고 함께 하셔서

불멸의 거룩한 눈물로 정화해 주십니다.

이 모든 것에 감사드립니다.

저를 위해 당신께서는 사그라들지 않은 빛이 되셨고,

지지 않는 태양이 되셨습니다.

영광으로 우주를 채우는 분이시여.

그리하여 어디에도 당신을 숨기지 않는 분이시여.

이 모든 것에 감사드립니다.

당신은 누구에게도 당신을 숨기지 아니하시지만,

우리는 당신께 가기를 거부함으로써

당신으로부터 숨으려 합니다.

하지만 쉴 곳이 어디에도 없는 당신이

숨으실 수 있는 곳이 어디 있겠습니까?

단 하나의 피조물도 외면하지 않으시고

단 한 사람도 거부하지 않으시는 당신이

왜 숨으시겠습니까?

그러니 주님, 지금 바로 제 안에 당신의 장막을 치소서.

끝날까지 당신의 집을 만드시고

당신의 종인 제 안에 끊임없이 당신의 거처를 만드소서.

저를 떠나지 마시고 그 안에 머무소서.

제가 이 세상을 떠날 때 당신 안에서 저 자신을 발견하고,

떠난 뒤에는 만물 위에 계시는 하느님 당신과 더불어

만물을 통치할 수 있게 하소서.

오 주님, 제 안에 머무소서. 저를 홀로 두지 마소서.

그리하여 언제나 제 영혼을 파괴하고

불시에 저를 공격하는 적들이

제 안에 머무시는 당신을 발견하고

패배하여 아무런 힘도 쓰지 못한 채 도망가게 하소서.

그 무엇보다 강력하신 당신께서

보잘것없는 제 가난한 영혼의 집에

머무시는 모습을 보고 달아나게 하소서.

그렇습니다, 주님. 이 세상에 사는 동안

저를 기억해 주신 분은 오직 당신이시고

저의 무지에도 불구하고 저를 택하셔서

이 세상과 저를 분리하여

당신의 영광스러운 얼굴 앞에 세우셨습니다.

그러니 제 안에 머무셔서,

저를 영원히 세우시고, 지켜주소서.

당신을 영원히 바라봄으로써 죽은 것 같은 제가 살 수 있고,

당신을 소유함으로써 거렁뱅이인 제가

왕보다 더 부유하여 당신을 먹고 마시며,

매 순간 당신을 입음으로써 형언할 수 없는 축복을 누리고

기쁨에서 기쁨에 이르게 하소서.

모든 선과 모든 영광과 모든 기쁨이시며,

모든 신자가 고백하고 섬기며 예배하는

성부와 성자와 성령이시며,

동일본질로서 생명을 주시는 삼위일체이신 당신은

지금부터 항상, 그리고 영원토록

존경받으시며 고백받으시고

예배받으시기에 합당하십니다.

아멘.[1]

성령께 드리는 두 번째 기도는 "콘스탄티노플 교회의 교회법 학자이자 에페소스 대주교인 마르코Metropolitan Mark of Ephesus 의 형제인 보제 요한John the Deacon"이 드린 기도다. 이때 에페 소스 대주교 마르코는 1438년 피렌체 공의회에서 필리오케 조항에 반대하며 가톨릭 교회와 논쟁한 수도사 마르코를 가리키는 것으로 보인다. 이 기도문에서 주목할 만한 표현은 "삼위일체를 완성하시는 당신(성령)"이다. 성부든 성자든 한 위격은 사랑이나 성령을 통하지 않고서는 다른 위격을 온전히 향할 수 없다. 또한, 이 기도문은 삼위일체의 활동을 통해 피조물이 완전에 이르고, 신화됨을 확언한다. 하느님의 온전

---

1 Symeon the New Theologian, 'Invocation to the Holy Spirit', *Hymns of Divine Love* (Denville, NJ: Dimension Books, n.d.), 9~10.

한 활동에서 우리는 온전한 삼위일체를 볼 수 있다고 저자는
분명히 말한다.

선한 위로자, 성령, 진리의 영이시여.

당신은 우리는 이해할 수 없는 방식으로

아버지에게서 나오십니다.

당신은 거룩하고 생명을 주는 삼위일체를 완성하시며

완전하게 하느님을 하나로 이루시는 분입니다.

당신은 성부, 성자와 함께 찬미받으시기에 합당하십니다.

당신은 참으로 하느님이시며 참으로 인간을 신화하십니다.

당신은 당신의 선물을 받는 이들 안에 머무셔서

그들을 거룩하게 하시고 그들을 빛으로 비추십니다.

당신은 말씀과 함께 본래의 정신으로 창조하시고,

함께 생각하시고, 또 느끼시며

몸을 취하셔서 우리 가운데 오시기를 원하셨습니다.

당신은 그리스도 안에서 우리의 몸을 성화하셨고

그리스도께서 승천하신 뒤

우리를 위해 이 땅에 내려오셨습니다.

당신은 사도들에게 불의 혀로 당신을 드러내셨고

말할 수 없는 능력의 선물로 그들을 채우셨습니다.

또한, 당신은 그들을 통해 온 세계가 진리를 깨우치게끔

그들을 인도하셨습니다.

하늘의 통치자시여.

당신은 인간을 사랑하시며 봉헌된 것을 사랑하시고

놀라운 선물을 주십니다.

당신은 노하기를 더디 하시며, 자비가 풍성하시며,

선한 것들의 보고이자 생명을 주시는 분이십니다.

어떤 날, 어떤 시간, 모든 순간, 모든 곳에서

이 보잘것없는 사람이 낮은 곳에서

당신의 거룩하고 영광스러운 이름을 부를 때,

영광스러운 높은 곳에서 굽어살피시고

당신의 자비로우심으로

저의 고통과 비천함을 살펴 주소서.

선한 것을 사랑하시는 분이시여.

어렸을 때부터 지금까지 제가 저지른 불경건한 행동과

제가 품은 악한 생각과 저의 죄 때문에

저를 역겨워하지 마소서.

오래전 므낫세와 다윗을 참회하도록 인도하셨듯,

십자가에서 강도가 당신을 알아보았듯,

창녀를 선으로 돌이키셨듯,

예언자들에게 하느님께서 하시는 말들을 불어넣으시고,

그들을 통해 말씀하셨듯,

지금도, 그리고 세상 끝날까지 선을 행하시고

하느님을 경외하는 모든 이를 도와주시듯,

죄인인 저를 도와주시고 당신의 자비와 은총을

붙잡으려 달음질하는 저를 도우소서.

악한 자의 거짓에서 세상을 해방시키신 분이시여.

무지와 맹목이라는 수렁에서,

무의미라는 심연에서 저를 구하소서.

세계가 창조되기 전부터 있던 거룩한 빛을

온 세계에 흘려보내셨듯

생명을 주는 힘으로 저를 거룩하게 하소서.

당신의 거룩한 불로 대적의 교활한 수작을 불살라 버리셨듯

헤아릴 수 없이 많은 저의 잘못을 불태워 주소서.

사탄의 머리를 제 발 아래 짓밟으시고 평화를 주소서.

빛의 무기로 저를 강하게 하소서.

신앙의 망대를 세우셔서 저를 보호해 주소서.

의의 사슬로 저를 둘러싸 주소서.

제 입술을 하느님의 말씀으로 봉헌하게 하소서.

의로운 영이시여.

제 깊은 곳에 있는 모든 것을 새롭게 하소서.

권위의 영이시여.

제 생각이 미끄러지지 않도록 강하게 붙들어 주소서.

오직 당신에게서만 나올 수 있는 찬미와 덕으로

제 생각에 관을 씌워주소서.

하늘의 모든 권능을 손에 쥐고 계신 주님,

당신의 선한 행동으로 저를 가꾸어 주소서.

선한 위로자시여. 당신께서 베푸는 커다란 은총을 따라

저를 일으켜 세워 주소서.

지혜, 지능, 인도, 격려, 앎, 신실함,

그리고 하느님을 경외하는 영을 저에게 주소서.

모든 생명을 선의와 은총으로 채우시는 분이시여.

당신의 거룩한 열매로 저를 키워주소서.

저의 삶을 자비와 절제 위에 세우소서.

평화를 이루는 선으로 제 마음을 풍요롭게 하소서.

견고한 신앙으로 제 영혼의 거처를 지켜주소서.

평온한 선으로 저의 생각을 지켜주소서.

오래 참는 인내로 저의 무기력을 바로잡아 주소서.

제 영혼에 달콤한 평화를 주소서.

저의 죄로 인한 괴로움을 기쁨으로 바꾸어 주시고

당신을 향한 저의 사랑을

이웃을 향한 사랑으로 완성시켜 주소서.

선하신 위로자시여. 구원을 이루시는 당신의 힘, 그 빛으로

정념이라는 안개에 갇혀 어두워진 제 마음을 밝혀 주소서.

불경건의 늪에 빠진 정념을 지혜롭게 하시고,

당신을 향한 갈망의 주인이 되게 하소서.

정념을 인도하셔서

당신의 올바른 뜻이 펼쳐지는 길로 나아가게 하소서.

무력하고 죄의 손길로 인해 차가워진 제 영혼을

생명을 주는 당신의 선물로 따뜻하게 하소서.

저의 분노가 오직 죄와 거짓을 말하는

뱀만을 향하게 하소서.

저의 욕망이 오직 당신만을 향하게 하소서.

저의 모든 열망의 정점이 당신이 되게 하소서.

저의 말이 언제나 당신의 거룩한 뜻을 따라

통제되고 인도받기를 원합니다.

위로자 되시는 하느님, 신령과 진정으로

당신에게 예배하고 영원토록 당신을 섬기게 하소서.

몸을 넘어서는 거룩한 힘으로

영원히 영광받으시는 당신을 예배하고 찬양하며,

항상 감사하게 하소서.

선하신 위로자, 영원히 의로우신 하느님,

당신은 교회의 모든 신비를 성취하신 분이십니다.

당신을 통해 저는 다시 태어났으며,

당신을 통해 다시 서고 새로워졌으며

하느님께 가까이 갈 수 있게 되었습니다.

당신을 통해, 은총의 선물로 말미암아,

왕의 사람으로 인준받고 인침받았습니다.

당신을 통해 죽음이 없고, 생명을 주시는

신비로운 식탁에 합당하게 되었고,

그리스도의 형상에 따라 창조되었고,

당신께서 주신 선물을 통해 신화되었습니다.

당신은 우리를 묶어 주고 지키며

함께하는 사제의 효력을 발생시키십니다.

당신은 순결과 순수로 회개하는 죄인에게

생명을 주십니다.

곤경에 처했을 때 저를 도우소서.

형언할 수 없는 힘으로 저를 지탱해 주소서.

전능하신 분이시여.

저의 무력함과 나태함을 긍휼히 여겨주소서.

영혼을 파괴하는 악마들의 장난에 놀아나지 않게 하소서.

저를 부끄러운 정념의 노예로 버려두지 말아 주소서.

당신의 자비는 항상 앞서가니,

이 생명이 끝나고 영생이 무르익을 때까지

순결하게 당신을 경외하며

하루하루를 살아갈 수 있도록 도와주소서.

그러면 저의 기쁨이 온전해질 것으로 믿습니다.

저는 진정 순수해질 것이고 당신께서 통치하시는

하늘의 선함을 증언할 것이기 때문입니다.

오 위로자 되시는 하느님, 제가 당신을 찬미합니다.

성부와 성자와 함께 당신 앞에서

영원토록 예배하고 감사며 경배를 돌립니다.

아멘.[2]

이 기도는 견진 성사 때 드린 것으로 보인다. 이 기도문에 비추어 볼 때 견진 성사는 신자를 하늘나라의 왕으로 인정하는 행위다. 기도문에서 성령이 사제를 통해 모든 신비와 성화를 일으키신다고 말하는 부분("당신은 우리를 묶어 주고 지키며 함께

---

2 Neamț Monastery(trans.), *Rugăciunile sfinților părinți* (Bucharest: Cartea Ortodoxă, 2007), 180~184.

하는 사제의 효력을 발생시키십니다")에도 주목할 필요가 있다. 그리고 성령께서 "무의미라는 심연"과 "무지...라는 수렁"에서 우리를 구출하신다는 표현은 숙고할 만한 가치가 있다. "무의미라는 심연"은 하느님 안에 있는 생명이라는 심연과 반대이며, "무지와 맹목이라는 수렁"은 하느님 안에서 성장하며 얻게 되는 무한한 앎과 반대다. 동시에 이 표현은 우리가 무한한 생명을 거슬러 무의미함으로, 무한한 앎을 거슬러 무지로 나아갈 수 있음을 보여 준다. 하느님께서는 의식이 있는 피조물을 결코 절멸하지 않으시지만, 피조물이 당신을 무한히 긍정하는 것에서 점점 더 멀어지는 것을 허용하신다.

기도문에서 이야기하는 성화의 능력은 곧 정화의 능력이다. 삶을 살아가는 가운데 성장할수록 우리는 더 순수해진다. 그리고 그 반대도 가능하다. 하느님과 연합하는 삶은 곧 선함, 관대함과 하나 되는 삶이다. 마지막으로 기도문에서 주목할 만한 표현은 "평화를 이루는 선"이다. 선은 아무것도 두려워하지 않는다. 또한, 무한한 생명을 먹고 자라기에 관대하다.

세 번째 기도문에서는 성령을 신자들로 하여금 하느님과의 신비로운 연합을 향해, 덕을 수련하는 길을 향해 가도록 인도하는 분으로 묘사한다.

생명의 주인이시며 거룩하고 선한 성령이시여.

벌받아 마땅한 저의 모든 행위를 인정하며

당신 앞에 엎드립니다.

나의 주님, 나의 하느님, 변치 않는 영원한 생명,

참되고 창조되지 않았으며 빛이신 당신께 기도합니다.

저를 소멸하지 마시고

제 안에 당신을 온전히 세워 주소서.

당신의 권능은 전능하고 무궁무진하기 때문입니다.

당신은 어떠한 제약도 받지 않고

형언할 수 없는 주님이시기 때문입니다.

당신은 전적으로 선하시며

모든 선과 유용한 일의 바탕이십니다.

당신은 모든 육체를 새롭게 하시고, 세우시며,

약한 자에게 힘을 주십니다.

우리는 모두 당신 안에서 새롭게 태어났으며

다시 창조되었습니다.

당신에게는 모든 지식이 있으며 우리 정신을 비추어

구세주이신 주님을 볼 수 있게 합니다.

주님에게는 생명, 형언할 수 없는 지혜,

감각을 능가하는 앎, 이해를 초월하는 빛,

즉 모든 생명, 모든 능력, 모든 영광이 있습니다.

그분은 우리의 짐을 지고 우리를 용서하시는 분이십니다.

그러니 저를 온전히 당신의 소유로 삼으소서.

당신의 뜻을 따라 저에게 생명을 주소서.

죄로 인해 무너진 부분을 회복시켜 주소서.

악한 욕망으로 어두워진 제 마음을 밝히시고,

죄로 인해 죽은 제 영혼에 생명을 불어넣어 주소서.

세 겹으로 된 정념의 꺼풀을 벗겨주소서.

가난에 처한 제게 자비를 베풀어 주소서.

밖에서든 안에서든 저를 덮치는 모든 적으로부터

저를 구하소서.

모든 악한 것에서 저를 구해주소서.

저의 부끄러운 행동을 용서해 주시고,

제 안에 당신의 완전한 사랑을 심어주소서.

이 종의 이름을 생명책에 기록하시고,

마귀와 싸워 이겨 당신의 보좌 앞에서

당당하게 당신에게 절할 수 있도록

선한 결말을 허락하소서.

주님, 저의 마음을 옥토로 만들어 주시고

그 땅에 좋은 씨앗을 뿌려 주소서.

저에게 당신의 은총을 아침 이슬처럼 덮어주시고

겸손한 기도와 절제, 금식, 눈물과 같은

선한 열매를 맺게 해 주소서.

금식을 통해 저의 영혼이 쉼을 얻게 하여 주소서.

고된 역경과 고난을 통해

제 영혼을 하늘의 피난처로 되돌려 주소서.

오 주님, 저의 영혼이 모든 성인과 함께

당신의 형언할 수 없는 빛 안에서

자신을 발견하도록 도와주소서.

저는 비록 무익하고 하찮은 당신의 종이지만,

한계가 없으시며 모든 것의 주인이신 주님,

저의 기도를 들어 주소서.

당신의 약속이 진실함을 증명하고

하늘의 기쁨을 누리는 가운데 큰 소리로 외칠 수 있도록

좁지만 곧은 길을 끝까지 걸어갈 수 있도록 도와주소서.

불멸의 성부, 불멸의 성자, 그리고 불멸의 성령을 찬미하며

영원토록 경배와 찬양을 드립니다.

아멘.[3]

---

3   위의 책, 200~201.

이 기도는 덕을 수련하는 길을 쾌락을 유도하는 정념을 차단하고 불쾌한 정념들을 통과하는 좁은 길로 묘사하고, 하느님의 뜻을 신뢰하는 가운데 고난과 고통을 극복해 마침내 성령의 조명을 받아 성화에 이르게 될 것이라고, 마침내 완전한 삶을 얻게 될 것이라고 말한다. 이 선물은 마음이 옥토가 되어 성령의 씨앗이 심길 때 자라날 수 있다. 금식은 음식이 주는 쾌감에 휘둘리는 것에서 우리 영혼을 자유케 하고 안식을 주는 능력이다. 이 안식의 상태에서 영혼은 하느님께 집중할 수 있고, 성령의 풍성한 은총이 마음에 들어올 수 있다. 성령께 드리는 네 번째 기도는 아래와 같다.

오소서. 언제나 진실하시고 신실하신 분,

세상의 창조주시여.

오소서 당신의 탁월한 지혜로 우리 마음을 살펴 주소서.

오소서. 전능하시고 불변하시며,

설명과 이해를 초월하시는 분이시여.

오소서. 누구와도 비교할 수 없으며

무한한 능력과 은총, 선을 지닌 분이시여.

오소서. 영광으로 피조물에게 관을 씌우신 분이시여.

그 무엇으로도 담아낼 수 없는 위대한 분이시여.

오소서. 생명 그 자체이자 생명을 흘려보내는 샘이시여.

권능 그 자체이자 권능의 근원이 되시는 분이시여.

지혜 그 자체이자 모든 지혜를 내려주시는 분이시여.

오소서. 노하기를 더디 하시고 사랑이 풍성하신 분이시여.

구원받기를 원하는 모든 이에게

참된 지혜가 되시는 분이시여.

오소서. 홀로 계신 분이시여. 홀로 있는 이에게 오소서.

당신께서 보시는 바와 같이 제가 홀로 있나이다.

오셔서 제 안에 머무르시고

대적자의 침략과 침입에서 저를 정화시켜 주소서.

선하고 위대하신 왕, 당신을 경배합니다.

당신 안에서 우리는 숨 쉬고 생각하고

하느님을 알기 때문입니다.

우리는 당신을 경배합니다.

당신께서 태양의 길, 달의 궤도,

별들의 배열이 숭고한 조화를 이루며

함께 움직이는 하늘의 아름다움을

보여 주시기 때문입니다.

우리는 당신을 예배합니다.

당신께서 우리에게 계절의 변화,

바람의 생성, 시대의 순환과

같은 시간에 대해 가르치시기 때문입니다.

당신께 감사드립니다.

우리가 천사들의 합창을 듣고 함께 예배할 수 있음을,

즉 천국에 대한 약속을 주님께 받았기 때문입니다.

우리는 지금 거울과 예언을 통해 이를 보지만,

머지않아 이를 온전히 알게 될 것입니다.

당신께 감사드립니다.

음식, 공예, 법, 습관, 선행, 선한 생각 등

지상에서 살아갈 때

새로운 길을 제공해 주시기 때문입니다.

오 주님, 어떤 말로 당신의 위대함을 표현할 수 있겠습니까?

당신은 마르지 않는 순수하고 거룩한 샘이십니다.

당신은 헤아릴 수 없는 지혜로우시고

깊이를 알 수 없는 능력을 지니고 계십니다.

당신은 지식 그 자체이시고

결코 줄어들거나 비울 수 없는 이해의 근원입니다.

당신은 온 세상을 위한 선과 자비의 보고입니다.

이 보고는 결코 남용되거나 소멸되지 않습니다.

당신은 예언자들에게 숨을 불어 넣으셨고

다가올 일에 대해 말씀해 주셨습니다.

당신은 독생자께서 성육신하시기 전에

이미 이 소식을 선포하셨습니다.

당신은 시간이 있기 이전에

많은 사람 중 마리아를 택하셔서

은총으로 죄없이 순결한 그녀에게 다가가셨습니다.

당신은 마리아의 태를 말씀이신 하느님을 위한

거룩한 거처로 만드셨고,

아버지와 함께 그분을 세상으로 데려오셨습니다.

본질에서 그리스도와 동일하신 당신은

그분이 지상에 계시는 동안

신성한 기적을 함께 만드셨습니다.

그리고 그분이 승천하셔서

아버지 우편에 하느님으로 앉으셨을 때,

당신은 불의 혀로 사도들에게 내려오셔서

말씀과 지혜와 담대함과 능력으로 그들을 채우셨습니다.

그러므로 당신께 기도합니다.

당신의 눈을 저에게 돌리셔서

당신의 종인 저에게 승리를 거두소서.

당신의 선하심으로 저를 살펴 주시고

고의든 실수든 빠지게 된 비참한 심연에서

저를 구해 주소서.

저의 몸과 영혼의 더러운 부분을 깨끗이 씻어 주소서.

저를 거룩하게 하여 주시고 지혜와 이해를 주소서.

제가 구원을 알고, 유혹을 이기게 하소서.

저를 대적하는 모든 것보다 더 강해지게 하소서.

온유와 오래 참음과 진실과 의로움과 침묵과

모든 선한 것의 기본이 되는 절제를

저에게 불어넣어 주소서.

주님을 예배하기에 합당한 교회가 되게 하소서.

나의 주님, 나의 목자, 나의 후견인이 되어 주소서.

당신은 모든 선한 것을 이루시는 분이십니다.

성부와 성자와 함께 오늘도 내일도 영원토록

당신을 찬미합니다.

아멘.[4]

이 기도는 성령께서 오시기를 간구하는 기도다. 기도문은 성령이 성부와 함께 세계를 창조하고, 그 놀라운 질서를 유지

---

4 위의 책, 216~218.

하시며 활동하시는 방식을 찬미하고, 성자의 신비로운 성육신에 기여하고, 성육하신 성자 안에서 성부와 함께 활동하시며 그리스도의 영광을 위해 활동하시는 것을 찬미한다. 기도문에서는 성령이 우리에게 자연의 생명을 불어넣어 주셨을 뿐 아니라 만물이 성장하도록 돕는, 더 높은 차원의 생명을 불어넣어 주신다고 반복해서 말한다. 그리고 이러한 이유로 성령께서는 신자들을 교회로 만드셔서 현재와 다가올 시대가 당신을 향한 찬미로 가득하게 하신다고 확신한다.

하느님과 인간이 나누는 모든 대화는 성령을 통해 이루어진다. 성령을 통해 하느님께서는 인간에게, 인간을 향한 당신의 사랑을 보내시고, 인간은 이 사랑에 응답하는 사랑을 통해 신성한 사랑을 키운다. 그리고 이 과정이 하늘나라에서 이루어질 인간의 영원한 신화에 영향을 미친다.

두미트루 스터닐로에에 관하여

지난 100년 동안 많은 서구 신학자는 정교회 사상의 창
조적 힘에 놀라워했다. 정교회 신학은 더는 서구 신학과 다
른 '동방 교회'의 전유물이 아니다. 동방과 서방의 차이를 강
요한 지금까지의 통념을 넘어, 모두 같은 그리스도교 유산
을 공유한다는 인식이 더욱 강해지고 있다.[1] 그리스도교 신
학은 서방 교회뿐 아니라 동방 교회의 신학과 경험 전통에
영향을 받아 형성되었다. 성공회 신학자인 A.M. 알친A.M.
Allchin은 서방 신학과 동방 신학이 결코 떨어져 있지 않았는

---

1   다음을 참조하라. Kallistos Ware, 'Eastern Orthodox Theology', *The
    Oxford Companion to Christian Thought* (Oxford: Oxford University Press 2000), 186.

데, 이는 두미트루 스터닐로에를 통해 얻은 깨달음이라고 이야기한다.

> (스터닐로에를 통해) 정교회와 만난 것은 성공회 신자인 내가 너무 자주 무시했으며 저평가했던 내가 속한 교회의 전통을 다시금 발견하도록 이끌었다.[2]

서구 신학은 정교회에서 인간이 자기 자신을 알기 위해서는 교부로부터 형성된 계시 신학에 바탕한 존재론을 필요로 한다는 점을 발견(혹은 재발견)했다. 신교부 신학neo-patristic theology을 주창하는 현대 신학자들은 창조적이고도 독창적인 방식으로 오늘날 발생하는 복잡한 문제에 대한 대답을 교부들의 지혜를 통해 찾는다. 이를테면 그들은 그리스도교의 신학적, 영적 대답을 요구하는 세속 세계에서 카파도키아 교부들을 다시 주목해야 한다고 말한다. 과거 그들은 헬레니즘 철학이라는 도전에 맞서 복음의 내용을 보존했기 때문이다. 자신의 사상과 신앙에 충실하면서도, 자신이 살았던 시대에

---

2   A.M. Allchin, 'The Heir of Resurrection: Creation, Cross and Resurrection in Early Welsh Poetry', *Abba: The Tradition of Orthodoxy in the West* (Crestwood: St. Vladimir's Seminary Press, 2003), 317.

열린 태도를 지녔던 카파도키아 교부들은 오늘날 신학자들에게도 좋은 본이 된다.

스터닐로에의 신학은, 그가 세상을 떠난 지 30여 년이 지났음에도 불구하고 그의 신학에 대한 현대 신학계의 수용, 발전, 그리고 논평에서 알 수 있듯 여전히 최첨단 신학처럼 보인다. 물론 유럽이나 미국 신학계에서 그를 이해하는 방식에는 차이가 있으며 교파별, 지역별로 스터닐로에의 저술을 이해하는 데는 차이가 있지만 말이다.

생애

두미트루 스터닐로에는 1903년 11월 16일, 남부 카르파티아산맥과 가까운 트란실바니아의 북쪽 끝, 오늘날 브라쇼브라고 불리는 블라데니에서 막내아들로 태어났다. 그가 살던 마을 사람들은 대체로 정교회 신자였지만, 개신교 신자와 로마 가톨릭 신자도 있었다. 영특한 아이였던 스터닐로에는 1917년 브라쇼브에 있는 고등학교에 진학했으며, 고등학교를 졸업한 후에는 시비우로 가서 그의 신학에 커다란 영향을 미친 니콜라이 발란Nicolae Bălan 주교의 추천을 받아 신학교에 들어갔다. 처음에는 체르나우치에서 신학을 공부했으나 이내 실망했고, 부쿠레슈티 대학교로 옮겨 루마니아 문학을 공부하다 발란 주교와의 만남을 계기로 다시 신학을 공부했다. 학위를 마친 뒤 스터닐로에는 17세기 예루살렘의 총대주교였던 도시테오스Dositheos of Jerusalem와 루마니아의 관계에 관한 연구를 진행했고 신학 박사 학위를 받았다. 이후 그는 뮌헨, 베를린, 파리, 베오그라드에서 공부를 이어 갔다. 이 기간 스터닐로에는 그레고리우스 팔라마스의 신학을 연구했다(당시 인쇄된 판본은 빈약했기에, 이에 만족하지 않고 필사본을 기초로 작업했다).

1929년 시비우로 돌아와 그는 안드레이 샤구나 신학교 교의학과에서 강의를 시작했고, 1947년까지 그곳에 머물렀다. 이 시기 스터닐로에는 발란 주교의 부탁을 받아 그리스 신학자 흐리스토스 안드루트소스Christos Androutsos의 『교의학』the Dogmatics를 번역했지만, 안드루트소스의 '스콜라식' 신학에 그리 동의하지는 않았다. 1930년 그는 결혼했으며 같은 해 보제 서품을 받았고 1932년에는 사제 서품을 받았다. 1931년부터는 주교의 요청을 받아 격주로 발행하던 정교회 신문인 「루마니아 텔레그레프」Telegraful Român에 참여하기 시작했고 이는 1945년까지 이어졌다(1934년부터는 편집장으로 활동했다). 스터닐로에는 언론 활동에 적극적이었으며 잡지 (루마니아어로 '생각'을 뜻하는) 「간디레아」Gândirea에도 꾸준히 글을 기고했다(90세 생일을 기리며 나온 헌정 논문집 중 저술 목록을 보면 신문, 잡지에 기고한 글이 신학 논문 수의 두 배인 420편에 달한다). 그는 신문과 잡지를 통해 의견을 제시하는 것이 동료 그리스도인들을 위해 시대를 해석하는 신학자의 임무 중 하나라 여겼다.

1934년 그는 주교의 집에서 비잔티움 신비주의와 다다이즘을 결합한 후고 발Hugo Ball에게 깊은 영향을 미친 니치포크 크라이니크Nichifor Crainic를 만났고, 친구가 되었다. 당시 루마니아의 정세는 어두웠다. 1차 세계대전이 끝나고 나서야 통일 국가의 꿈을 이룬 루마니아에서는 강한 민족주의가 광범위하게 퍼져 있었으며, 종종 반유대주의와 우익 세력에 대한 지지로 연결되곤 했다. 미르체아 엘리아데Mircea Eliade, 에밀 시오랑Emil Mihai Cioran, 페트루 투체아Petre Țuțea와 같은 지식인들처럼 스터닐로에도 이러한 분위기에서 자유롭지는 못했다.

젊었을 때부터 그는 건강이 좋지 않았고, 30대에도 마찬가지였다. 전쟁이 끝나자 스터닐로에는 안드레이 샤구나 신학교에서 해임되었고, 1947년에 비로소 부쿠레슈티 신학과의 (크라이니크의 주장으로 설립된) 신비주의와 수덕주의 전공 교수로 임명되었으며, 이듬해에는 교의학과 상징 신학 교수가 되어 1973년 은퇴할 때까지 그곳에서 박사과정생들을 가르쳤다. 부쿠레슈티에 있는 동안 그는 그리스도교 지식인들의 성찰을 촉진하면서, 루마니아에서 권력을 잡은 공산주의 정권과 대립각을 세우는 단체인 ('타오르는 덤불'이라는 뜻을 지닌) 루굴 아프린스Rugul aprins를 열렬히 지지했다.

1956년 헝가리 봉기는 루마니아의 공산주의 정권에 경종을 울렸고, 이후 정권은 그리스도교 지식인들을 더 강하게 탄압했다. 스터닐로에도 마찬가지였다. 그가 쓴 글은 검열을 받았고, 출판을 금지당했다. 1958년 스터닐로에는 루굴 아프린스의 다른 구성원들과 함께 체포되어 공개 재판을 받았고 5년 징역형을 선고받은 뒤 악명 높은 아이우드 감옥에서 징역살이를 했다.

1963년 스터닐로에는 부쿠레슈티로 돌아왔으며 지난한 과정을 거쳐 부쿠레슈티 대학교 신학과 교수직에 복귀했다. 이후 서방 세계는 스터닐로에를 공산주의 정권 치하에 있는 종교적 자유의 살아 있는 상징으로 여겼고 정권은 그런 그의 해외여행을 허용했다. 많은 대학교에서 그에게 강연을 의뢰했고 1971년에는 교황 바오로 6세Paul VI를 방문했으며 같은 해에 (당시 교회일치운동에 적극적으로 참여하고 있던) 셰브토뉴 수도원과 웁살라 대학교를 방문했다. 1973년 교수직에서 은퇴

했지만, 스터닐로에는 박사과정생들과 함께 계속 활동했고 저술 활동도 활발하게 이어갔다. 1990년 루마니아 학술원 회원으로 선출되었고 이후 수많은 대학교에서 명예박사 학위를 받았다. 1993년 3월 아내 마리아가 세상을 떠났고, 10월 5일 스터닐로에는 그 뒤를 따랐다.

제2차 세계대전 이후 루마니아 공산주의 정권 아래, 루마니아 교회 역사상 최악의 시기에 그는 자신의 삶, 우정, 가르침, 박사과정생 지도를 통해 커다란 공헌을 남겼다. 그는 위기에 처한 조국에 적극적으로 뛰어들었고, 조국의 운명과 미래에 성찰하기를 두려워하지 않았다. 그러한 가운데서도 계속 글을 쓰고 수많은 책을 펴내 그리스도교 세계 전체에 지워지지 않을 유산을 남겼다.

교부 전통의 수호자

상당수 신학자는 스터닐로에가 교부 전통을 옹호하면서 이를 바탕으로 오늘날 제기되는 문제에 실마리가 되는 길을 제시했다고 입을 모은다.[3] 그의 사상은 세계 모든 교회의 필

---

3 다음을 참조하라. Istvan Juhasz, 'Dumitru Stăniloae's Ecumenical Studies as an aspect of the Orthodox-Protestant Dialogue', *Journal of Ecumenical Studies*, Volume 16 (winter 1979), no. 1, 747.

요와 관심사를 포괄할 수 있을 만큼 넓기에 정교회, 로마 가톨릭 교회, 그리고 개신교회 모두에 유효하며, 그리스도교의 회복과 연합을 추구하는 사람들은 스터닐로에의 신학을 주목한다.[4] 인간과 관련된 현대 문제들을 다루는 그의 신학, 그의 신학의 바탕을 이루는 교부 신학은 정교회 전통의 역동성과 현대 신교부 신학의 특징을 보여 준다. 스터닐로에의 위대함은 교부들의 정신을 오늘날 상황과 함께 숙고하여 전통이 현대적 상황과 조우하도록 창조성을 살려 옮겼다는 데 있다. 게오르기오스 갈리티스Georgios Galitis는 이런 그를 현대의 교부, 교부들의 정신을 오늘의 상황과 접목하여 현대 신학의 언어로 표현해 낸 교부 신학자라 평가했다.[5] 또한, 스터닐로에의 영향을 지대하게 받은 올리비에 클레망Olivier Clément은 교회에는 언제나 교부들이 있으며 이들의 사상과 시대정신의 창조적 연결을 해야 한다고 강조한다.

---

4   Charles Miller, *The Gift of the World: An Introduction to the Theology of Dumitru Stăniloae* (Edinburg: T.&T. Clark Ltd, 2000), 5.

5   G.A. Galitis, 'Erminia patristică și teologia contemporană', Lecture on the occasion of Dumitru Stăniloae's centenary (1903-2003), organized by the Romanian Patriarchate, Bucharest, 9-14 November 2003

신교부 신학의 측면

스터닐로에는 여러 현대 정교회 신학자들(게오르기 플로롭스키, 블라디미르 로스키, 저스틴 포포비치Justin Popović, 파나이오티스 넬라스Panayiotis Nellas, 요한 지지울라스John Zizioulas, 알렉산더 슈메만Alexander Schmemann)과 궤를 같이하여 초기 그리스도교 사상의 전통을 창조적 과정을 거쳐 소개하는 운동에 헌신했다. 많은 학자는 이들의 신학 작업을 교부 신학을 새로운 방식으로 종합한다고 하여 '신교부 종합'neo-patristic systhesis이라고 부른다.

'신교부 종합'의 특징은 교부들의 가르침을 단순히 반복하는 것이 아니라, 합리주의 신학, 사변적 낭만주의, 혹은 개인 영혼의 돌봄을 강조하는 경건주의를 뛰어넘어 현대인의 삶과 교회의 전통을 연결함으로써 초기 그리스도교 사상을 창조적으로 이해하고 적용하는 데 있다. 이 흐름에 속한 학자들은 모두 교부들의 문헌에 관심을 기울였고, 이 문헌들에 대한 주석을 바탕으로 자신의 신학을 전개했다. 스터닐로에 역시 이러한 신학을 지향했으며, 참된 공교회 정신을 회복하려 했다.

현대 신학계에서 그는 그리스 교부들의 사상을 바탕으로 현대 정교회 신학을 이해하고 해석함으로써 그리스 교부와 정교회 사이 중개자 역할을 했다. 일부 근대 정교회 신학자들이 교회의 교부 전통을 올바르게 살리지 못했다고 생각했던 그는 19세기 정교회 신학에서 커다란 영향력을 행사하던 스콜라 신학 체계를 포기했으며, 그 대신 헤시카즘과 팔라마스의 영적 유산을 강조함으로써 교부와 비잔티움 신학 전통을 회복했다. 나아가 스터닐로에는 그의 동료들과 함께 신학의 고정관념을 벗고 현대 주석 방법론의 오용, 남용을 정교하게 살핌으로써 20세기 정교회 교의학을 새롭게 구성했다. 그는 신학 담론의 신비적 차원을 강조했고, 교회 일치의 회복을 위해 헌신했다. 그 결과 유럽과 미국의 로마 가톨릭, 개신교, 성공회 등 다양한 그리스도교 교파에 속한 다양한 그리스도교 신학자들이 스터닐로에의 신학을 다루고 받아들였으며, 이는 지금도 진행 중이다.

서구 신학자들은 정교회 신학이 대체로 보수적인 태도를 보이리라고 짐작했다. 실제로 정교회 신학은 보수적이다. 하지만 이때 '보수'는 수동적이고 경직된 보수가 아니라 유연하면서도 현대 세계의 목소리에 귀를 기울일 줄 아는 보수다. 스터닐로에의 신학이 이를 증명한다. 그는 교부들의 사상을 중시했지만, 과거에 갇히지 않았고 교부들의 신학을 단순히 반복하는 것을 거부했다.

정교회의 영적 중심지라고 할 수 있는 아토스산에 머물고 있는 수도사들과 그리스 신학자들은 스터닐로에가 교부들의 사상을 바탕으로 형성한 신학에 주목했다.

파나지오티스 넬라스Panagiotis Nellas에 따르면, 스터닐로에의 신학은 단순히 구원에 '관한' 설명이 아니라 그 자체로 영적 구원의 말이었으며, 인간 영혼을 위한 참된 영적 양식이자 빛이었다.[6] 니코스 마추카스Nikos Matsoukas는 스터닐로에야말로 교부들의 신학 사상에 활력을 불어넣은 신학자라고 평가했다. 게오르기오스 A. 갈리티스Gheorghios A. Galitis는 스터닐로에의 신학은 긍정 신학과 부정 신학, 교부들의 사상과 현대의 개인적, 사회적, 과학적 사고의 종합으로 규정했으며, 정교회 신학이 단순히 학문적 지식이 아니라 경험과 삶이 조화를 이루는 참된 신학임을 일깨워 주었다고 평가했다.[7] 스텔리아노스 파파도풀로스Stelianos Papadopoulos는 스터닐로에의 교부 주석에 찬사를 보냈다.

---

6 Παναγιώτης Νέλλας, 'Εισαγωγή', Δ. Στανιλοάε, *Για ένα Ορθόδοξο Οικουμενισμό, Ευχαριστία-Πίστη-Εκκλησία, (Το πρόβλημα της Intercommunion)*, Εκδόσεις Άθως Πειραιευς, 1976, 17.

7 Γεώργιος Α. Γαλίτης, 'Π. Δημήτριος Στανιλοάε: Ευλαβικό Μνημόσυνο', *Αναπλάσις* 8-10/1994, 110.

두미트루 스터닐로에는 요한 복음서에 대한 키릴루스의 주석을 번역하면서 위대한 신학자였던 키릴루스보다 더 깊고, 폭넓으며, 심도 있는 분석이 돋보이는 해석을 한다. 고백자 막시무스의 『신비 교리교육』에 대한 번역과 주석 역시 마찬가지다. 전례에 대한 해석을 담고 있는 이 저술을 번역하고 해설하며 스터닐로에는 막시무스보다 전례의 신학적 의미를 더 깊게 파고든다. 위대한 신학자는 여느 신학자들보다 더 깊고, 넓게 신학을 하기 마련이다. 그러한 면에서 스터닐로에는 위대한 신학자다.[8]

아토스산에 있는 그레고리오스 수도원의 수도원장인 게오르기오스 캅사니스Gheorghios Kapsanis는 스터닐로에의 신학이 합리적인 신학이라기보다는 영원한 생명을 발견하고, 그 생명에 참여하도록 독려하는 영성 신학이라고 평가했다. 실제로 스터닐로에는 사도들과 교부들의 설교가 여러 차원에서 현대 사회와 사상과 연결되고 생명력을 발휘하도록 구성하는 일에 집중했으며 교부 사상에 충실함과 동시에 현대의 논의를 무시하지 않는 가운데 둘의 조화를 꾀하는 신학을 형성

---

8 Στυλιανός Παπαδόπουλος, Ὀρθοδοξία στον κόσμο, Ἡ μορφή και το ἔργο του π. Δημητρίου Στανιλοάε᾿, Τόλμη 11/2000, 76.

했다. 이와 같은 방식이 하느님의 영원한 진리가 시간을 넘어 현대인과 사회에 작동하는 길이라고 그는 믿었다.

> 우리는 교회의 가르침을 교부들이 받아들인 방식을 따라 신학을 해야 한다. 하지만 동시에 교부 시대 이후 수많은 세월 동안 일어난 일들, 그리고 오늘날에도 구원을 추구하는 영혼의 필요를 고려해야 하며 이에 걸맞게 교회의 가르침을 해석해 내야 한다. 다시 한번 말하지만, 우리는 교부들의 정신으로 교회의 가르침을 이해하려 노력해야 한다. 동시에, 오늘날 교부들이라면 교회의 가르침을 어떻게 이해했을지를 생각하려 노력해야 한다.[9]

신학 접근 - 동방과 서방을 연결하기

30년 동안 스터닐로에는 동방과 서방 교회의 여러 교육 기관에서 공부했고 덕분에 동서방을 아우르는 시대의 흐름을 감지했으며, 이를 통해 자기만의 고유한 방식으로 신학을 구성할 수 있었다. 근대 이후 서방 세계는 세속화와 마주하

---

[9] Δ. Σταυιλοάε, 'Πρόλογος της Ρουμανικής Εκδόσεως', *Ο Θεός Ο Κόσμος και Ο Άνθρωπος. Εισαγωγή στην Ορθόδοξη Δογματική Θεολογία*, Εκδόσεις Αρμός 1995, 16.

고 있었고 서방 신학계는 이에 발맞춰 자유주의 신학, 탈신화화 신학, 허무주의, 급기야는 신 죽음의 신학까지 등장했으나 커다란 차원에서 신학이 나아가야 할 본래적 방향을 잃어버렸다. 동방 신학계도 상황은 크게 다르지 않았다. 신학은 대학교, 학계에서만 통용되는 논의로 전락했기 때문이다. 이와 같은 현대판 스콜라주의는 서구에만 해당하지 않았다. 유럽의 동쪽 지역에서도 마찬가지 현상이 일어나고 있었다. 스터닐로에는 동방 그리고 서방 교회와 신학에 만연한 스콜라주의에 맞서 싸우며 신학을 구성하는 노력을 그의 글에 담아냈다.

20세기 신학에 스터닐로에가 어떠한 기여를 남겼는지를 알기 위해서는 이러한 맥락을 이해해야 한다. 그의 저술이 사후에 더 주목받는 이유는 현대인의 존재에 대한 위기와 사회 문제에 대해 깊은 통찰을 보이기 때문이다. 스터닐로에는 세속화에 순응하는 것이 신학과 교회를 새롭게 하는 길이 아니며, 세속화된 교회는 구원에 관한 근본 문제들에 결코 답을 할 수 없다고 강조했다. 그는 동서방의 문화 차이를 해소할 수 있는 길은 영성이라고 믿었다. 영성은 세속화된 세계 속에서 그리스도로부터 벗어난 문화를 회복하고, 그리스도교가 사회를 향해 잃어버린 영향력을 회복함으로써 현대 문화와 그리스도교의 관계를 바르게 제시할 수 있는 길이라고 믿었다. 이러한 생각은 그가 당대 문화의 산물과 철학을 충분히 소화했기에 가능했다. A.M. 알친은 말했다.

스터닐로에는 현대 과학과 기술에 대한 지식을 바탕으로 근본적인 신학적, 철학적 질문을 던진 신학자였다. 동시에 그는 기도의 사람, 동방 영성 전통의 증인, 번역 작업과 주석 작업을 통해 본인이 혁혁한 공헌을 남긴 필로칼리아 전통에 속한 사람, 단순하면서도 열정적인, 우정을 나눌 줄 알고 절제를 발휘하는 사람이었다. 나는 다른 학자들이 스터닐로에를 처음 만났을 때 그의 재치와 19~20세기 철학에 대한 해박한 지식을 보고 놀라워하던 모습을 기억한다. 스터닐로에는 머리와 가슴이 어떻게 조화를 이룰 수 있는지에 대해 몸소 보여 준 증인이었고 두 세계 모두에서 편안함을 느꼈다.[10]

앤드루 라우스Andrew Louth는 말했다.

---

10 A.M. Allchin, 'Preface', *Ose comprendre que Je t'aime* (Paris: Cerf, 1983), 9~10.

스터닐로에는 평생에 걸쳐 현대 세계에 뛰어들었다. 그는 수년간 신문과 잡지에 글을 기고하면서 당시 사회에서 벌어지고 있는 일들에 대해 논평했다. 그가 이렇게 참여한 이유는 타협하기 위해서, 혹은 현대 세계를 긍정해서가 아니다. 그는 정교회가 여전히 고유한 목소리를 가지고 있고, 현대 사회에 있음과 동시에 타협하지 않으면서도 현대 사회를 향해 할 말이 분명히 있다고 믿었다. 그 결과 정교회는 스터닐로에를 통해 당대 신학계에 분명한 흔적을 남겼다.[11]

20세기 정교회에서 '신교부주의'의 부흥이 서구 세계와의 지적 만남이 없다면 불가능했다는 사실, 달리 말하면 인격주의personalism와 신교부주의의 부흥 모두 필로칼리아 영성의 부흥, 서구 철학 및 사상과의 만남, 교류를 통해 나왔다는 사실을 고려한다면 스터닐로에의 접근 방식은 주목할 만하다. 이 때문에 그리스 신학자들은 자신들의 신학이 위기에 처해 있다고 생각했을 때 스터닐로에를 찾았으며, 스터닐로에 역시 이에 부응해 아테네와 데살로니카에서 자주 강연을 했다. 서

---

11 Andrew Louth, 'Prin pr. Stăniloae Ortodoxia a putut să ofere ceva original teologiei contemporane', *Vestitorul Ortodoxiei*, year XV, no. 311~312 (5/2003), 6.

구 세계에서 신학을 현대 문화 및 학문, 과학에 흡수시키려 할 때 스터닐로에는 교회 전통의 유기적인 면모를 드러냈다. 즉 그는 세계 문화와 대화를 나누면서도 그 문화를 향해 인간과 하느님의 관계를 다시 숙고하게 하는 길을 걸어갔다.

공산주의가 지배하는 나라에서 신학하기

스터닐로에와 관련해 주목할 만한 또 다른 부분은 그가 전체주의 정권이 지배하는 나라에서 신학을 구성했다는 점이다. 그는 20세기에 회자되는 신학 담론들을 자기가 처한 정치적 상황 속에서 대화하며 새롭게 구성하려 했다. 스터닐로에는 1958년부터 1963년까지 5년간 '신앙의 소명'을 이유로 감옥에 갇혔다. 그 전부터 정권은 스터닐로에의 학문 활동에 제재를 가했다. 전쟁 직후 그는 안드레이 샤구나 신학교에서 해임당하고 1947년에 비로소 부쿠레슈티 신학과 교수직으로 복귀했다. 동유럽 전체주의 정권이 통치하는 동안 정권은 다양한 방식으로 학자들의 신학 활동에 제약을 가했다. 루마니아 공산주의 정권은 교회가 사회에 남아 있어야 하는 이유는 대중에게 마르크스의 유물론을 전달하는 매체이기 때문이라고 생각했다. 마르크스주의에 따르면 교회는 과거의 유물에 불과하며, 사람들이 근대성을 체화하고 더 높은 생활을 자유롭게 누리는 데 방해가 될 뿐이었다. 이러한 판단 아래 당시 루마니아 정권은 비밀경찰을 보내 루마니아 정교회의 모든 활동을 감시했고 몇몇 사람은 순교를 당했다. 하지만 교회는 사라지지 않았다. 라틴 문화권에 있는 유일한 정교회라는 독특한 성격을 지닌 루마니아 정교회는 정교회에서 세 번째 전통을 이어 가고 있다. 루마니아 정교회 역시 비잔티움 유산을 공유하지만, 루마니아 문화와 수 세기에 걸친 상호작용을 통해 얻게 된 독특한 관점을 지니고 있다.

스터닐로에는 마르크스주의가 인간의 인격성과 존엄성을 훼손한다고 생각했고, 역사적 유물론에 반대하여 그리스도교의 인간 이해를 발전시켜 강조했다. 인격은 무엇보다도 친교이자 만남, 응답이라는 주장은 그의 신학 총론에서 핵심을 이룬다. 이러한 생각 위에서, 스터닐로에는 근대 사상을 이해함과 동시에 거스르는데, 그 중심에 교부들이 강조한 위격의 신학, 인격으로서 인간에 관한 신학이 있다.

두려움 없이 신학하기

스터닐로에는 당대 서구 그리스도인, 나아가 비그리스도인에게 두려움 없이 맞섰다. 존 메이엔도르프는 그가 "다른 이를 판단하거나 정죄하지 않되 자신의 신앙을 타협하지 않았고, 그 신앙이 열어 보이는 세계가 우리 모두를 자유케" 함을 보여 주었다고 지적한다.[12] 마찬가지 맥락에서 올리비에 클레망은 말했다.

> 스터닐로에는 두려움에서 자유로웠다. 그는 서구를 두려워하지 않았고, 근대 인본주의나 합리주의도 두려워하지 않았다.[13]

이는 1978년 출간된 그의 교의학에서 분명하게 드러난다. 스터닐로에는 물질의 거룩함을 주장하며 "신비의 유물론"mystical materialism에 대해 이야기했다. 그에 따르면 물질은 영에 열려 있다. 우주의 사제로서 인간은 피조된 물질을 비물질화하지 않고 영화해야 한다. 하느님의 창조는 지금도 여전히 지속되고 있으며 우리와 세계를 새롭게 한다. 하느님께서 창조한 인간으로서 우리는 상상력을 발휘해 지금도 계속되는 하느님의 창조 활동에 동참하며 그것을 완성하는 일에

---

12 John Meyendorff, 'Foreword', *Theology and the Church* (Crestwood: St. Vladimir's Seminary Press) 9.

13 Olivier Clément, 'Preface', *Le genie de l'Orthodoxie* (Paris: Desclée De Brouwer, 1985), 13.

참여해야 한다고 스터닐로에는 강조한다. 이는 마르크스주의 유물론에 대한 응답이자 성화sanctification와 변모transfiguration라는 고전적인 정교회 신학 전통을 현대적으로 계승한 것이라 할 수 있다.

근대 스콜라주의와의 투쟁 - 그레고리우스 팔라마스 신학의 역할

파나지오티스 넬라스에 따르면, 스터닐로에는 근대 정교회 스콜라주의에서 신학을 해방시키기 위해 노력한 최초의 학자이자 현대에 그레고리우스 팔라마스 신학의 중요성을 강조하고 소개한 최초의 신학자다.[14] 스터닐로에는 말했다.

> 스콜라주의는 사실상 교리를 인간 영혼의 영적인 삶과는 아무런 관련이 없는 단순히 이론 혹은 추상적인 진술로 취급한다. 나는 그런 방법을 떠났다. 교의학은 짧은 교리 진술에 담긴 깊고 풍부하며 살아 있고 영적이며 구원에 관한 내용을 드러낸다. 신학은 이와 같은 교리를 해석해야 한다. 참된 정교회 교의학은 이를 위해 헌신하고 봉사해야 한다고 나는 믿는다.[15]

---

14 Παναγιώτης Νέλλας, Ἐισαγωγή΄.

15 Δ. Στανιλοάε, Ο Θεός, Ο Κόσμος και Ο Ἀνθρωπος, Πρόλογος της Ρουμανικής

이와 관련해 스텔리아노스 파파도풀로스는 스터닐로에의 신학 사상이 시기를 거쳐 발전했다고 이야기한다.

> 스터닐로에는 스콜라 신학으로 훈련을 받았으며, 처음 보았
> 을 때 그런 방식으로 신학을 하고 있었다. 그러나 30대 중반
> 무렵 그는 스콜라 신학을 떠났다. 스터닐로에는 스콜라주
> 의의 오류를 직시하고, 참된 정교회 신학이 무엇인지를 고
> 민했다. 이 시기 그가 그레고리우스 팔라마스의 신학을 접
> 하게 된 일은 결코 우연이 아니다. 30대 후반 스터닐로에는
> 전혀 다른 신학자로 우리 눈앞에 나타났다.

스터닐로에는 1938년 시비우에서 『성 그레고리우스 팔라마스의 생애와 가르침』The Life and Teaching of Saint Gregory Palamas을 출간했다. 사실 그전부터 그는 팔라마스에 커다란 관심을 보였다. 1929~30년 그는 이미 성 그레고리우스 팔라마스에 관한 논문을 발표한 바 있었다. 『성 그레고리우스 팔라마스의 생애와 가르침』 서문에서 그는 팔라마스에 대해 다음과 같이 말한다.

Εκδόσεως, 15~16.

이 심오한 동방 사상가를 다루지 않고는 정교회의 본질을
말할 수 없다.[16]

팔라마스에 기대어 그는 경험의 신학theology of experience를 지
향했다. 이는 1947년 신비주의와 덕을 함양하는 실천에 관한
강의에서 흐리스토스 안드루트소스를 비판하는 대목에서
잘 드러난다.

동방에서는 영적인 앎을 통해 믿음과 진리가 발전한다. 안
드루토스의 주장과 달리 최고의 신학자도 평범한 신자보다
교리를 더 잘 이해하지 못할 수 있다. 영적으로 발달한 사람
에게는 교리가 그가 들어갈 수 있는 세계를 비추는 빛이 된
다. 그 빛이 그의 영혼을 침범한다.[17]

로완 윌리엄스Rowan Williams는 1930년대 팔라마스의 신학을
소개하려는 스터닐로에의 노력이 1930년대 옥스퍼드에서

---

16 D. Stăniloae, *Viaţa şi învăţătura Sfântului Grigorie Palama* (Sibiu: Editurii Scripta, 1938), 3.

17 D. Stăniloae, *Ascetică şi mistică creştină sau Teologia vieţii spirituale* (Cluj-Napoca: Casa Cartii de Stiinta, 1993)

정교회 예배당을 이끌었으며 교부학 사전을 편찬한 러시아 수도사 바실 크리보셰인Basil Krivoshein의 활동과 유사한 측면이 있다고 지적한 바 있다. 크리보셰인 역시 그레고리우스 팔라마스를 포함해 영성에 깊이 뿌리내린 교부학 전체를 재발견할 것을 촉구했다. 이후 블라디미르 로스키가 쓴『동방 교회의 신비신학』Essai sur la théologie mistique de l'Église d'Orient과 존 메이엔도르프의『그레고리우스 팔라마스 연구』가 출간되면서 팔라마스의 신학 사상은 정교회에서 다시금 주목받았을 뿐 아니라 그리스도교 신학계 전체의 관심을 끌었다.

교리에 대한 영적인 접근

근현대 시기 루마니아 정교회에서도 스콜라주의 방법과 합리주의 정신은 커다란 영향력을 행사했다. 당시 신학계에서는 교리의 영적 의미를 해설하거나 교리를 신자들의 삶과 연결하기보다는, 역사 비평을 통해 신앙의 본질을 도출하는 경향이 강했다. 이때도 주요 탐구 대상은 교부 문헌이었지만, 이러한 방법은 교부들의 사상이 현대인의 종교적 사고와 어떠한 연관이 있는지에 관해서는 소화해 내지 못했다. 스터닐로에는 교부들의 저술에서 현재, 그리고 미래까지 영향력을 발휘할 수 있는 사상과 가르침을 발견했다. 그는 교리에 영적으로 접근하는 것이야말로 교리를 오늘날 인간과 관련 있게 만든다고 믿었고, 이를 중심으로 자신의 신학을 구성하여 그의 저술에 녹여 냈다.

이러한 접근은 교리와 영성이 밀접한 관계를 맺고 있음을 전제로 한다. 스터닐로에는 교리가 무한한 영적 역동성을 머금고 있다고 보았다. 그렇기에 그는 이 의미를 받아들이기 위해서는 지성뿐만 아니라, 삶으로 교리를 받아들여야 한다고 이야기했다.

앞에서 스터닐로에가 관심을 기울였던 그레고리우스 팔라마스는 바로 이런 교리와 영성의 연결에 주목했던 교부였다. 그는 하느님께서는 창조되지 않은 은총uncreated grace를 통해 이 세계에, 그리고 교회 공동체의 삶에 역동적으로 함께 하신다고 보았다. 팔라마스의 이러한 생각에 영향을 받아 스터닐로에는 스콜라주의를 넘어설 수 있다고 믿었다. 스콜라 신학은 자연의 질서 혹은 논리에 얽매인 이성만 강조함으로써 하느님과 그분의 구원 활동을 제한했지만, 팔라마스는 이성을 뛰어넘어 이 세계를 아우르며 지속 가능하게 하는 하느님의 신비를 인정했기 때문이다.

필로칼리아 신학의 옹호자

어떤 면에서 스터닐로에가 남긴 신학 논문 혹은 저서보다 더 중요한 책들은 그가 남긴 방대한 번역서들이다. 그리고 그중에서도 가장 중요한 작업은 루마니아어로 필로칼리아를 번역한 것이다. 1782년 필로칼리아 원서의 출간은 이후 정교회 신학이 나아갈 길을 제시했으며 스터닐로에도 이 길에 동참했다.

필로칼리아의 루마니아어 번역본은 1946년과 1991년 사이에 12권(각 권당 400쪽 분량)으로 출간되었다. 이 번역은 1782년 성산의 니코데모스Nikodimos of the Holy Mountain와 코린토스의 마카리오스Makarios of Corinth가 편집한 그리스어 필로칼리아를 기반으로 이루어졌다. 대다수 필로칼리아 번역본은 이 그리스어판을 그대로 옮긴 것이며, 영어 번역본이 원본에 가장 가깝다. 그러나 루마니아 번역본은 이들과는 사뭇 다르다. 스터닐로에는 때로는 원문을 보완하거나 다른 본문으로 대체하기도 하고, 관련 작품에 대한 소개는 물론 전체 본문에 대한 해설도 제시했다. 때문에 루마니아어 필로칼리아는 원본보다 훨씬 방대한 분량을 자랑하며, (필로칼리아라는 제목이 암시하듯) '선집'anthology이라기보다는 '자료집'에 가깝다. 자료들의 선택, 보완, 해설 등 스터닐로에가 루마니아어 필로칼리아를 번역 및 편집한 작업은 현대 세계에서 정교회 신학이 맡은 역할에 대한 그의 생각과 연관이 있다. 필로칼리아는 신학에 대한 특정한 접근 방식을 제시한다. 영문판 서문에서 편집자들은 "지성은 정화되고, 조명되고, 온전해진다"는 필로칼리아 부제에 주목하며 말했다.

> 필로칼리아는 생생하고, 시들지 않는 생명에 기대어 시간이라는 미로를 통과하는 여정, 삶, 특히 근대적인 삶이라는 공허한 사막을 사랑과 앎으로 걸어가게 해 준다. 필로칼리아는 영적인 길을 보여 주며 인간이 이 길을 걷도록 힘을 불어넣어 준다. 필로칼리아는 인간이 자신의 무지를 극복하고, 자기 안에 있는 앎을 발견하고, 망상을 없애도록 모든 것을 가르쳐 주시고, 모든 것을 기억하게 하시는 성령의 은총을 받아들이도록 우리를 초대한다.

이때 신학은 단순히 '원천으로 돌아가는 것'이 아니라 영적 여정을 시작하는 것이다.

필로칼리아는 약 1,000년 동안 정교회 신앙에 영향을 미친 본문들의 '선집'으로, 아토스산에서 발전한 기도 전통으로 독자들을 인도한다. 14세기에는 예수 기도를 강조하고,

신성Godhead이라는 창조되지 않은 빛uncreated light을 체험할 수 있다는 아토스산 수도사들의 주장을 두고 이른바 헤시카즘 논쟁이 일어났으며, 고백자 막시무스Maximos the Confessor와 함께 그레고리우스 팔라마스는 아토스산 수도사들을 옹호했다. 이러한 바탕 위에서 그리스어 필로칼리아는 주로 신앙과 영성 생활에 초점이 맞추어져 있으며, 나지안주스의 그레고리우스와 고백자 막시무스의 사변적인 저술들은 이 선집에 들어있지 않거나, 들어있더라도 잘린 형태로 들어있다.

스터닐로에는 니코데모스나 마카리오스보다 비잔티움 신학, 특히 비잔티움 신학의 우주적 차원이 중요하다고 여겼고, 독자들에게 이를 소개하기 위해 애썼다. 그래서 루마니아어 필로칼리아에는 고백자 막시무스의 신앙 저술뿐만 아니라 그의 위대한 신학 저술 중 하나인 『탈라시우스에게 한 질문』Questions to Thalassios 전체가 수록되어 있다(필로칼리아 원문에는 발췌본으로 수록되어 있다). 또한, 스터닐로에는 신신학자 시메온Symeon the New Theologian의 산문 전체를 수록했으며, 원문에는 수록되지 않았던 요한 클리마쿠스John Climacus, 가자의 도로테우스Dorotheos of Gaza, 가자의 '위대한 노인'과 '또 다른 노인'이 남긴 『질문과 답변』, 은둔자 바나수피우스와 요한 Varsanouphios and John, 7세기 니느웨의 네소트리우스주의자 주교였던 시리아의 이삭 등과 같은 이들의 저술도 추가했다.

루마니아어 필로칼리아와 더불어 스터닐로에는 (소개 및 주석을 덧붙여) 다른 교부들, 아타나시우스, 카파도키아 교부들, 나지안주스의 그레고리우스, 니사의 그레고리우스, 알렉산드리아의 키릴루스Cyril of Alexandria, 위僞 디오니시우스Dionysios the Areopagite의 번역서도 출간했으며, 고백자 막시무스가 성찬 전례에 대해 해설한『신비 교리교육』Mystagogia, 방대한『난제』Ambigua를 번역하기도 했다.

이와 같은 스터닐로에의 작업을 보면 익숙한 흐름을 발견할 수 있다. 게오르기 플로롭스키와 블라디미르 로스키로 대표되는 신교부 신학자들도 유사한 작업을 진행했기 때문이다. 이 점에서 스터닐로에는 단순히 동서방 교회를 잇는 다리가 아니었으며 (루마니아 정교회가 종종 수행했던) 러시아 정교회와 그리스 정교회 사이를 잇는 다리도 아니었다. 오히려 그는 현대 정교회 신학에서 가장 활발하고 중요한 운동의 중심에 있었다. 설령 그의 작업이 정교회 르네상스를 이끈 신학자들보다 상대적으로 주목받지 못하고 있다 해도 말이다.

필로칼리아 원본에 주석이 없는 이유는 애초에 이 책이 개인 독자를 위한 책이 아니었기 때문이다. 이 책은 영적 아버지의 지도를 받아 읽히는 걸 목적으로 만들어졌다. 그러나 중세 말 서방 세계에서 그러하듯 인쇄본이 나오면 필사본처럼 그 책을 어떤 기관이 구속할 수 없게 된다. 니코데모스는 필로칼리아가 수도원 밖에서도 읽힐 것이라고 예상했고, 그런 위험을 감수할 준비가 되어 있었다. 일례로 『순례자의 길』The Way of the Pilgrim에서 러시아 순례자는 필로칼리아를 혼자 읽고 많은 깨달음을 얻은 만큼 당혹감을 느낀다. 이와 달리 스터닐로에는 필로칼리아를 번역하면서 독자들에게 해설이 필요하다는 것을 처음부터 의식하고 있었다. 당시 공산주의 정권 아래 교회가 어려운 상황에 있었을 뿐 아니라 필로칼리아가 전제하는 정신과 마음, 신학과 기도의 일치를 분명히 하기 위해 상당한 문해력을 요구하는 본문들을 필로칼리아에 포함시켰기 때문이다. 좀 더 나아가 스터닐로에 신학 작업에서 교부들의 저술에 대한 주석은 특별한 의미가 있었다. 그는 현대 사회를 향해 말을 걸어 오는 교부들의 신학을 해석하는 방식을 선호했다. 스터닐로에의 신학적 통찰은 교부들의 의미를 끌어내는 과정에서 가장 명료하게 드러난다. 고백자 막시무스에 대한 주석은 그 대표적인 예라 할 수 있다. 막시무스의 저술들을 주석하며 그는 오늘날에도 여전히 중요한 신학의 주제가 무엇인지를 끌어냈다. 스터닐로에의 저서를 읽으면 주석을 통해 길어 올린 생각을 자신의 신학에 반영하고 있음을 알 수 있다. 엄밀한 주석 작업과 창의적인 성찰의 공생 관계를 그의 주석과 성찰은 잘 보여 준다.

교부들의 주석과 덕의 수련이 전통 교리의 발전에 끼치는 영향과 역할

스터닐로에의 학문 여정에서 신학은 전통과의 대화다. 교부들의 저술에 대한 주석은 전통 교리에 대한 새로운 해석의 공간을 열어 주고 빛을 비춘다. 이러한 스터닐로에 신학의 측면을 가장 잘 보여 주는 저술은 총 3권으로 이루어진 그의 대표작 『교의 신학』Dogmatic Theology이다. 이 저술을 두고 앤드루 라우스는 말했다.

> 스터닐로에는 정교회 신학에서 특별한 태도를 취하고 있다. 이 태도는 게오르기 플로롭스키와 블라디미르 로스키와 같은 러시아 신학자들, 요한 로마니데스John Romanidis와 흐리스토스 얀나라스Christos Yannaras와 같은 그리스 신학자들과 결을 같이한다. 그러한 면에서 『교의 신학』은 신교부 종합이 그리는 전체 그림을 보여 주는 첫 번째 산물이라 할 수 있다.

팔라마스가 신학과 영성의 연결에 영감을 준 교부였다면 스터닐로에의 우주론에 영감을 준 교부는 고백자 막시무스였다. 앞에서도 언급했지만 『신비 교리교육』과 『난제』를 소개하고 해설함으로써 그는 "고백자 막시무스와 관련해 가장 탁월한 현대의 해석자", 혹은 "신학자들이 막시무스를 의식하게 한" 신학자로 평가받았다.

이렇듯 스터닐로에는 신학의 전통에 충실하면서도 현대 과학과 철학의 언어를 "계시라는 신선한 포도주를 담는 새 부대"로 활용했다. A.M. 알친은 그가 종합의 영에 젖어 있었다고 묘사했다.

> 스터닐로에는 자신의 신학에는 세 가지 요소가 있다고 말했다. 하나는 교의학, 두 번째는 필로칼리아 영성, 그리고 세 번째는 문학을 포함한 일반 문화와의 대화다.

그는 교회 전통의 역동적인 차원, 현대인의 문제와 교부들이 남긴 저술의 연관성, 팔라마스주의와 필로칼리아 영성 및 문화를 활용해 신학 연구의 다양한 측면을 결합했다. 그렇기에 그를 두고 '신팔라마스주의자'이자 혹은 '신교부주의자'라고 부르는 건 어색한 일이 아니다. 물론 그는 팔라마스와 막시무스의 신학에만 치중하지 않았다. 아타나시우스, 니사의 그레고리우스, 나지안주스의 그레고리우스, 바실리우스, 알렉산드리아의 키릴루스, 신신학자 시메온의 논의들을 스터닐로에는 자유롭게 활용했다. 그러한 면에서 오늘날 세계에서 스터닐로에 신학이 현재성을 지니고 있다는 이야기는 공교회 신학이 현재성을 지니고 있다는 이야기를 뜻하는 것인지도 모른다.

결론

과학과 기술이 날로 발전해 가고 있는 오늘날, 안타깝게도 그러한 세계를 살아가는 인간의 도덕적, 영적 수준은 담보 상태에 있다. 신학은 이러한 현실을 정당화하거나 혹은 현실에 순응하고 있는 것처럼 보인다. 현대 신학의 다양한 이론들은 많은 경우 현실에 대한 수동적 대응, 혹은 무비판적인 수용에 불과한 경우가 많다. 하지만, 이러한 현실은 어쩌면 그 자체로 그리스도교인들인 우리에게 무엇이 정말 그리스도교인지, 오랜 기간에 걸쳐 이루어진 그리스도교 사유의 결실은 무엇인지, 그 결실은 현실에서 어떠한 의미를 갖는지를 다시 들려주기를 요구한다고도 볼 수 있다. 교부들의 신학을 다시 해석해 현대 사회와 문화 그리고 인간 존재에 대해 재고할 수 있는 길을 제시한 스터닐로에의 신학은 전통을 망각한 채 자신의 뿌리를, 그리하여 신앙의 정체를 온전히 알지 못하는 그리스도인들에게 바른 신앙의 길과 삶에 대해 알도록 도우며, "그리스도교에는 미래가 없다"고 섣불리 주장하는 사람들에게 참된 그리스도교 신앙이 열어젖히는 세계에는 이 현실을 창조하고, 지탱하며, 변혁하는 힘이 있음을 알려 준다. 과거에서 울려 퍼지는 목소리, 오늘날 세계가 들어야 할 목소리, 미래와 미래를 살아갈 이들도 들어야 할 목소리를 스터닐로에의 신학은 간직하고 있다.

스터닐로에는 주로 루마니아어로 글을 썼으며 총 12권으로 된 전집이 루마
니아 정교회 출판사인 바실리카 출판사BASILICA Publishing House에서 나왔다.

- **Cultură și duhovnicie, vol. I**(문화와 영성 제1권): Articole publicate în Telegraful
  Român (1930-1936) (Bucharest: Editura Basilica a Patriarhiei Române, 2012).
- **Cultură și duhovnicie, vol. II**(문화와 영성 제2권): Articole publicate în Telegraful
  Român (1937-1941) (Bucharest: Editura Basilica a Patriarhiei Române, 2012).
- **Cultură și duhovnicie, vol. III**(문화와 영성 제3권): Articole publicate în Telegraful
  Român (1930-1993) (Bucharest: Editura Basilica a Patriarhiei Române, 2012).
- **Chipul nemuritor al lui Dumnezeu**(하느님의 불멸하는 형상) (Bucharest: Editura
  Basilica a Patriarhiei Române, 2013).
- **Iisus Hristos sau Restaurarea omului**(예수 그리스도와 인간의 회복) (Bucharest:
  Editura Basilica a Patriarhiei Române, 2013).
- **Iisus Hristos**(예수 그리스도) – Lumina lumii și îndumnezeitorul omului (Bucharest:
  Editura Basilica a Patriarhiei Române, 2014).
- **Ortodoxie și românism**(정교회와 낭만주의) (Bucharest: Editura Basilica a Patriarhiei
  Române, 2014).
- **Teologia Dogmatică Ortodoxă, tomul I**(정교회 교의학 제1권) - Revelația
  dumnezeiască. Învățătura creștină ortodoxă despre Dumnezeu. Sfânta Treime.

Crearea lumii văzute și nevăzute (Bucharest: Editura Basilica a Patriarhiei Române, 2018).

- **Teologia Dogmatică Ortodoxă, tomul II**(정교회 교의학 제2권) - Persoana lui Iisus Hristos. Biserica, trupul tainic al Domnului în Duhul Sfânt. Mântuirea omului în Biserică. Credința și faptele bune (Bucharest: Editura Basilica a Patriarhiei Române. 2018).
- **Teologia Dogmatică Ortodoxă, tomul III**(정교회 교의학 제3권) - Sfintele Taine, Eshatologia (Bucharest: Editura Basilica a Patriarhiei Române, 2018).
- **Reflecţii despre spiritualitatea poporului român**(루마니아 사람들의 영성에 관한 성찰) (Bucharest: Editura Basilica a Patriarhiei Române, 2018).
- **Teologia ascetică şi mistică ortodoxă**(정교회 수덕주의와 신비신학) (Bucharest: Editura Basilica a Patriarhiei Române, 2019). 일부 본문이 『예수 기도, 성령 체험』(정교회 출판사)으로 역간.

영어로 번역된 그의 저서 목록은 다음과 같다.

- **The Victory of the Cross** (Oxford: SLG Press, 1971)
- **Theology and the Church** (New York: St. Vladimir's Seminary, 1980)
- **Eternity & Time** (Oxford: SLG Press, 1971)
- **Prayer and Holieness: The Icon of Man Revewed in God** (Oxford: SLG Press, 1982)
- **The Holy Trinity: In the Beginning There Was Love** (Brookline: Holy Cross Orthodox Press, 2012) 『태초에 사랑이 있었다』(비아)
- **Orthodox Spirituality: A Practical Guide for the Faithful and a Definitive Manual for the Scholar** (Pennsylvania: St. Tikhon's Monastery Press, 2013)
- **The Experience of God,** 총 6권 (Brookline: Holy Cross Orthodox Press, 1994-2013)

태초에 사랑이 있었다
- 삼위일체에 관하여

초판 발행 | 2024년 8월 5일
2쇄 | 2025년 4월 4일

지은이 | 두미트루 스터닐로에
옮긴이 | 김인수

발행처 | ㈜타임교육C&P
발행인 | 이길호
편　집 | 민경찬
검　토 | 손승우
제　작 | 김진식 · 김진현
재　무 | 황인수 · 이남구 · 김규리
마케팅 | 민경찬
디자인 | 민경찬 · 손승우

출판등록 | 2020년 7월 14일 제2020-000187호
주　소 | 서울시 강남구 봉은사로 442 75th Avenue 빌딩 7층
주문전화 | 010-8729-9237
이메일 | viapublisher@gmail.com

ISBN | 979-11-93794-87-6 (93230)
한국어판 저작권 ⓒ 2024 타임교육C&P